从人大附中到北大清华

万春耕 / 主编

长江出版传媒 | 湖北教育出版社

（鄂）新登字02号

图书在版编目（CIP）数据

从人大附中到北大清华 / 万春耕主编. — 武汉：湖北教育出版社, 2015.4

（他山之石）

ISBN 978-7-5351-9595-1

Ⅰ. ① 从… Ⅱ. ① 万… Ⅲ. ① 高中生－学习方法②高考－经验 Ⅳ. ① G632.46②G632.474

中国版本图书馆CIP数据核字（2015）第050081号

出版发行　湖北教育出版社
邮政编码　430015　　电　话　010-62949288
地　　址　武汉市青年路277号
网　　址　http://www.hbedup.com
经　　销　新华书店
印　　刷　艺通印刷（天津）有限公司
开　　本　710mm × 1000mm　1/16
印　　张　7.5
字　　数　120 千字
版　　次　2015年6月第1版
印　　次　2022年9月第3次印刷
书　　号　ISBN 978-7-5351-9595-1
定　　价　29.80元

如印刷、装订影响阅读，承印厂为你调换
010-62908869

重点中学学习方法揭秘：他们的学习为什么那么好？

人大附中、北京四中和黄冈中学是全国最为知名的三所重点高中，每年高考的成绩都在全国遥遥领先。超高的升学率、状元的高产以及学生考入国内外名校的惊人数量，都让这三所学校令人惊叹和向往。在很多家长看来，如果自己的孩子能够进入这三所学校学习，就等于买到了一份迈入名牌大学的保险。

很多人把这些现象称作神话或奇迹。其实，这些学校的大多数孩子都是普通人，在天赋和智商方面也并不比其他学校的孩子高出多少。那么，他们的学习为什么那么好？他们到底是怎样学习的？他们的秘诀是什么呢？

细节决定命运，方法决定成败。优秀学生一定有他们与众不同的科学方法和学习思维。本书作者万春耕是一位长期担任毕业班班主任的资深老师，在他看来，这三所学校的与众不同之处应该就在学习模式、学习方法上。因此，万老师在多位一线教师的帮助下，全面搜集了历年来从这三所学校考入北京大学和清华大学的优秀学生的学习经验，并进行了系统性的总结，提炼成一些可以依循的实用学习方法，汇编成了本套丛书。这些方法无不经过实践的检验，相信广大中学生一定能从中获益良多。

《学习，赢在方法：从北京四中到北大清华》：北京四中老校长刘长铭在评价自己学校的学生时，说："许多学生都认为在北京四中学习，有两项能力格外重要：一是自我激励的能力，二是做出适当选择的能力。将这两种能力归并于一体，其实就是人的自我管理能力。"也就是说，在北京四中，优秀学生们都掌握了自主学习的能力，对于学习这件事，完全是自动自发的。我为什么要学习？我为谁读书？当大家能够自我激励、自我选择、自我管理的时候，成绩的提高就是水到渠成的事了。

《学习，赢在细节：从人大附中到北大清华》：对于青少年来说，高中阶段是一个至关重要的阶段。人大附中名誉校长刘彭芝曾经说："高中阶段就像一个人的腰，腰间无力，今后干什么都不行；又像足球的中场，中场不好，进攻和防守都成问题。"高中三年是孩子们身心快速成长的时期，每一个细节都值得斟酌推敲。在学习中如何掌握高效的方法、养成坚韧的品性、培养良好的习惯，这些都将决定孩子的未来以及人生的高度。

《学习，赢在效率：从黄冈中学到北大清华》：在黄冈中学的众多优秀毕业生那里，我们可以反复听到"效率"这个词语。黄冈中学以考题出名，常用的"题海+考海"战术，经常让大家误解。高分考入清华大学的夏浩同学在谈到自己的学习方法时，强调的不是做题，而是效率第一。他说："永远不强迫自己去学习，永远不在没有效率的时候学习。我的高效率是同学们一致公认的，所以别看我平时玩得多，但我做的题目、掌握的知识绝对不会比别人少。"

这个世界上没有不适合学习的人，只是很多同学在学习过程中没有找到适合自己的学习方法和模式。我们相信，优等生的成功之路，你也可以复制！

contents

目录

第三章 高考状元的外语学习秘籍

第四章 通过“统练”积累实战经验

第五章 保持良好的心态和习惯

第六章
培养一个独特的专长

第七章
团结协作，营造学习氛围

[第一章]

有效掌控自己的学习时间

对于每一个人来说，每天都是24小时，对谁都不偏不倚，问题在于你是否能充分利用它。人大附中学子们的成功经验告诉我们：学习的关键并不是看你用了多少时间，而是你在这段时间里获得了多少收获。我们对时间的最佳掌控之道就是：让每一分钟都实现它的价值。因此，同学们要牢记这样一句话："不必每一分钟都要学，但学的每一分钟都必须有效。"

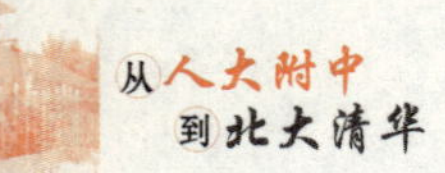

01 我的时间节奏我把握

“凡事预则立，不预则废。”学习也是如此，提前做计划是众多高考状元的共同点。但是，计划反映的目标是理想，是一种可能性，其出发点应当是自己的学习实际。不少同学在制订计划时却往往忽略了自己的实际情况，结果实行起来不是感到困难重重、十分紧张，就是过于轻松，造成重复劳动，最终使计划成为一纸空文。

星光大道

张瑞祥 | 考入北京大学

曾获第49届国际奥林匹克数学竞赛金牌

榜样之谈

有规律的生活、学习节奏在我的学习中发挥了不小的作用。合理地安排好什么时候该做什么事，能有效地减轻学习负担，保持学习的兴趣。

举例来说，原来我每天学2小时的数学，这对我是恰当的时间安排。这一次考试的数学成绩不是很理想，那么，从今天开始我每天用3小时来学数学，这种想法就是错误的。因为我们不可能长期保持每天3小时学习数学而不感到厌烦。学习一旦使人感到厌烦了，学习的效果就会直线下降，这个时候正确的方法是保持过去适合自己的学习时间不动摇。

不能因一次考试的结果完全否定之前的学习方法。我们老师经常对我们说：学贵有恒。短期突击或许能在短期内加强你的积累，但长远来看会使你丧失学习的兴趣，所以是不可取的。只要坚持每天按自己的节奏走下去，就能达到自己的目标。

高效学法

换句话说，高考状元们不认为时间是“量”，而认为它是“质”。根据自己实际情况而不是一般所谓的重要与否，给各门功课分配一定的时间。

在给每一门功课分配时间时，同学们一般须把握好以下几点：

1. 明确自己的实际学习水平，确定计划学习的起点。
2. 明确实际可支配的时间，确定各个阶段的学习内容。
3. 明确实际学习任务，确定每天具体的学习安排。

另外，还应考虑到学科教学的实际，使自己的学习计划能与教学进度相配合，这样才不会使个人的计划与学校的安排发生冲突，从而促进在校的新课学习。当计划执行到一个阶段以后，就应该检查一下学习的效果，明确哪些地方需要修改，哪些地方需要补充，从而对原计划进行科学而合理的调整。一个新的更适合自己的学习计划，将会使你今后的学习更加有效！

记住，对待学习计划既要讲原则，还要讲灵活，这样才不至于让它们成为一种负担或束缚。

02 日事日清，每天都不欠账

有些同学在学习中养成了“推”的习惯，今天的任务推到明天，明天又推到后天，长此以往，形成了滚雪球似的“高利贷”，怎么还也还不完了。

星光大道

宁少阳 | 考入北京大学

榜样之谈

总是听到有同学抱怨：“哎呀！作业好多做不完！”“老师讲得太快，笔记根本记不下来！”“还没复习完呢，怎么又开新课了！老师！你的进度太快！”有这些牢骚的同学们怎么不反思一下，是不是因为自己太慢了呢？答案是肯定的。一个班里30~40人不等，老师肯定要平均大家的学习速度，你如果总是处在下游，老师就是想顾及也无能为力啊！

我自己会把学习时间和娱乐时间分开，然后把学习时间再具体细分，什么时间干什么。如果某一天我没有在规定的时间内完成任务，那么晚上睡觉前我就会反思：“我在那会儿做了什么，是不是我的效率变低了？”

然后及时把没按规定完成的任务补上，做到不欠账。

“万丈高楼平地起，辉煌只能靠自己。”谁的成绩不是自己拼回来的？

高效学法

老天很公平，给每人每天都是24小时。但是，同是24小时，不同的人会有不同的效率。有的同学学习、生活、休息井井有条，学习效果也很好，而有的同学却相反。原因何在？主要问题就是他们没有形成限时完成学习任务的观念，今天推到明天，明天推到后天，问题越积越多。因此，我们想要在学习中提高效率，就必须要牢牢记住今天的事今天完成，不要总推到明天，养成拖拉的习惯。

确实如此，考入北京大学的赵聪同学在讲到自己的学习经验时说，自己之所以如愿以偿地进入了北京大学，关键就是养成了今日事今日毕、决不拖拉的良好习惯。

从小到大，我一直是个乖孩子。小时候每天放学回家，我一定先把作业做完才肯看电视。直到上了高中，我仍然是每天及时复习巩固当天学过的知识，决不欠账。每天放学回家，我都要先想一想白天在学校学了什么。如果学了数学，我一定要做这一部分的习题来熟练它。如果是史、地、政，就一定要及时理解并记住。有时候面对这么多功课，真想推到明天再做。可是明天还有明天的学习，千万不可“明日复明日”，要知道“明日何其多”，唯有“今日事今日毕”的积累，才能取得好成绩，实现梦想。

记住，学习上的“高利贷”真是欠不得，它的“利息”足以把你压垮。

03 妙用睡前醒后的时间

进入高中后，学习任务相对繁忙，很多同学更是争分夺秒地选择在课堂上抓紧时间学习，认真听老师讲的每一个知识点，甚至还会花大量的时间在课后对学习进行恶补。而那些成绩优秀的同学大都懂得利用每天一些不起眼的时间，如利用睡前醒后的时间来学习。

星光大道

胡梦萦 | 考入香港大学

榜样之谈

不知道同学们有没有这样的经历？忘事。

有的时候早自习背的单词，中午跟大家聊天的时候还想得起来，可是到了晚自习做英语题的时候，就傻眼了——看到单词想不起意思，看着中文忘了英语的说法。我高一的时候常常这样，英语成绩也起伏不定。那时候每每发下试卷，一种“恨铁不成钢”的感觉就油然而生。后来，越学越烦躁，背单词的时候一感觉到累了，我就不干了，去看看电视，找同学聊天，反正注意力肯定不会放在学习上了。

后来，英语老师找我谈话，我告诉他，我很认真地在背，可是我记不住，或者当时记住了，晚上就忘了。老师当时微笑着跟我说："我也会忘啊！只是我越忘的时候越专注！"我听到这些顿时觉得有些惭愧，因为自己不光逃避了记忆的障碍，还找借口。

我该感谢我的英语老师，他让我知道，学习路上越难越要不屈不挠，人生的路不也是如此吗？

高效学法

根据心理学的研究，人们学习的材料会受到以前记忆内容的影响，也会受到以后学习内容的干扰。一天之中，晚上和早上的学习效果较好。因为早上学习，较少受到以前学习内容的干扰。根据心理学的这项研究，一位来自香港的同学创立了"睡前醒后学习法"，即在晚上临睡前和早晨起床后学习。他说：

刚睡醒和睡觉前，是人一天中头脑最清楚、杂念也最少的时候，我觉得把这两段黄金时间用在记忆英语单词上，就犹如好钢用在了刀刃上。因为记忆英语单词是一项很艰苦的工作，必须集中全身心的力量才行，所以外部环境的干扰越少越好。所以，睡前的时间我几乎都用在了英语上，或背单词，或听英语磁带，锻炼一下听力。这样既不浪费时间，又促进了睡眠，一举两得。

那么，在睡前和醒后要怎么背单词才最有效呢？下面是具体的做法。

把一天学到的单词和带有这个单词的句子，分两行抄在白纸或本子上，如：

bread[bred]面包（能用图画表示更佳）

Please pass me two pieces of bread.

……

（以下接着抄写其他的单词和句子。）

当确信自己已记住这些单词（可以是三五个，也可以是十几个）和句子时，闭上眼睛，这时便会感到这些单词在眼前出现（不这样做也可以）。然后，什么事也不要做，立即躺下睡觉。

第二天早上起来，不要做其他的事，尽量回忆前一天临睡前记过的单词和句子。也许你只能回忆起其中的几个单词或句子；也可能先回忆起的是带有那个单词的句子，而不是单词，顺序也可能不一致。可以边回忆边写在纸上，实在回忆不出时再看昨天写过的纸，这样再复习两遍，以此加深记忆。

据称，使用这种方法，起初每次只能回忆起四五个单词，但以后便逐渐增多，一般能回忆起10个左右。以一天20个计，10天就是200个，100天就是2000个，那么一年不就可以记上6000个左右的英语单词了吗？三年呢？大家可以试一试这种方法，只要坚持下去，就一定有收获。

04 学会学习，学会休息

同学们有没有遇到过这样的情况？拼命记忆的知识，第二天一准儿忘得干干净净；晚上睡不着，第二天上课总是昏昏沉沉；一做题就容易分神，也想集中注意力，但越想集中注意力越头疼……如果我们自己身上遭遇这种状况，那可一定要注意了，这多半是缺乏休息、大脑疲倦导致的。

星光大道

李泽 | 考入清华大学

榜样之谈

以前，我特别担心自己喜欢睡觉这个毛病会影响我的学习。

我特别赖床，不管是坐在椅子上，还是趴在走廊的扶手上，只要能够闭着眼睛让大脑和眼睛休息一会儿，心里别提多高兴了。我贪睡的毛病让妈妈十分困扰。几点睡觉，从来不用妈妈催促，我自己就会乖乖上床，也不熬夜，但是起床就困难了。每天早上妈妈都会一遍遍地提醒我：“再不起床就迟到了……”周末，必须有一个上午是睡到12点才会醒。

我也没有觉得这样不好，因为白天上课的时间，我精力特别充沛，感觉自己就像充满了电的手机！信号强，运行顺畅！

高效学法

有人说，不会休息的人不会工作。同样，不会休息的人也不会学习。学习效率并不是时间的简单累加，需要我们劳逸结合，张弛有度。在紧张的学习之余，不妨让大脑休息休息，学会学习，学会游戏。

具体来说，同学们可以这样做：

1. 保证充分的睡眠。充分的睡眠是大脑最基本、最重要的休息方式。我们现在正处于长身体的时期，每天的睡眠时间应保证在8-9小时为佳。

2. 适时休息。经过专家研究，在1小时内，学习45分钟、休息5-10分钟是最合理的作息安排，所以根据你的生物钟规律去学习，是提高学习成绩的一条有效的规则。

3. 运用交叉学习法。交叉学习方法有三种：一是在一定时间内有意识地交换学习内容，使大脑的活动部位得到调节，缓解疲劳。例如，居里夫人曾说："读书累了，就干脆演算代数和三角习题，交换工作等于休息。"二是合理安排读书时间，在不同的时间读不同的书。三是读书与文体活动相交叉。

4. 依靠音乐缓解大脑疲劳。专家指出，轻音乐旋律优美，能使人情绪镇定、恬静、愉快；进行曲情绪激昂，能激发人体的内在潜能，使人精神焕发。

5. 运动与琴棋书画并用。对于我们而言，适当地参加体育锻炼非常重要。另外，琴棋书画是集健身与娱乐为一体的运动锻炼，不仅运动强度小，运动量易自我控制，而且可以使脑的血容量降低，减轻头部的压力。

05 让寒暑假过得充实

每到寒暑假来临时，大多数同学都会有一种如释重负的感觉，经过整整一学期的紧张学习，都想好好放松一下。有的同学早就将学习抛到九霄云外，他们会高喊道："作业嘛，开学前两天再做都来得及，先玩够了再说。"这些抓紧时间玩乐的同学其实不知道，就是在这样一个假期里，他的学习成绩会和其他同学拉出相当大的差距。

星光大道

苏骁 | 保送北京大学

榜样之谈

我想，在我被保送北京大学之前，肯定有同学会笑我"可怜的读书虫"，因为不管是高一、高二，还是高三，我一直在学习。我没觉得学习特别苦，因为我知道以后会有很多玩的机会。高一、高二的寒暑假，我会完完整整地预习下个学期的所有课本内容，尤其是英语课。放假之前，我就会提前计划好每天干什么，将学习和逛街、运动、旅游穿插在一起，就构成了我的寒暑假。也许是因为我一直觉得自己是"笨鸟"，所以在学习上，从来不敢懈怠。像语文和英语，我在上高三之前就彻底复习完了，等我真正升入高三的时候，我的压力很小，全面复习的阻力也很小。到现在为止，我还是很庆幸自己在高中生涯的整个时间规划。

高效学法

对每个同学来说，寒暑假都是非常重要的，首先，它是一个完整的时间段，同学们可以有自己比较全面完整的学习安排；其次，它是两个学期或学年的衔接，一方面可以弥补上学期的不足，另一方面可以预习下学期的知识，起到承上启下的作用；再次，假期的学习安排不是很紧张，可以劳逸结合，调节自己的生活节奏。那么，我们到底应该怎样充实地度过寒暑假呢?

1．有计划地对上一学期的知识进行复习巩固。同学们可以按照这样的内容进行：将所学的知识串成串→找出它们之间的联系→再找出与下学期学习有关的知识点并着重看一下。这种复习方法可以达到“一览众山小”的效果，你不妨也试一试。

2．预习下学期要学的内容，不必学得多深，但要对整体有所了解。对于一些难度较高的题目，可暂时不做，以避免挫伤学习的积极性。

3．强化强项，弥补弱项。只要仔细分析一下那些中高考状元的成绩，就会发现他们有一个共同的特点——没有弱项。这也给我们很多启示，应该多花些时间来强化自己的强项，弥补自己的弱项，使“长”者更长，“短”者及时补足，从而让自己在学习上迈出的每一步都不“跛脚”。

如果你能像苏骁同学一样懂得利用寒暑假的时间，那么开学之后，你会惊喜地发现，你的学习成绩在不知不觉中已经有了提高。

[第二章]

横扫弱科，均衡发展

多年来，人大附中一直秉承一种精英理念，从学生视野的开阔到知识的拓展，再到学生人格的培养，每一方面都追求更高的标准，达到更完善的目标，在更高的平台上聚集分享教育资源，为学生提供最优质的精英教育。这种精英理念的具体表现就是：没有弱科，均衡发展。现在，人大附中已逐步发展成为全国乃至世界的知名学府，培养出了一批又一批成绩优异、积极进取的优秀学生。

06 怎样写出有思想深度的作文

高考的作文承载着社会功能和思想教育功能，也就是我们常说的“做人”与“作文”。一篇好作文并不是看你用了多少华丽的词藻和生动贴切的例子，而是看其有没有思想的深度。因此，写这类作文不能流于表面，而应深入挖掘出其思想内涵。

星光大道

罗晨旭 | 考入北京大学

曾获得全国高中数学联赛北京赛区一等奖，全国高中数学联赛一等奖

榜样之谈

语文一直是我的弱项，考试时选择题错一大堆。但奇怪的是，我的作文总能拿到很高的分数，经常被老师拿来当范文。

因为我不是擅长玩耍文字的高手，所以，我向来不主张也不会写空洞、长篇阔论式的文章，也从来不会编故事。我所写的东西，常常是有感而发，对身边发生的事情，加以自己比较独特的见解，力求从平凡的生活中找到一点新奇，或者从与别人相似的生活中引发一些比较新鲜的思索。

这就是我的高分作文的最大看点。因为这些素材源于生活，会让看的人感到亲切，不是生搬硬套、华而不实的东西。

高效学法

对于占语文半壁江山的作文，罗晨旭同学十分注重通过材料表达出深层内涵。具体来说，他是这样做的：

1. 从人生的体会方面去思考，关注生活，写出个人生命体验

像我们所说的“责任”这个话题，不同的人在不同的年龄阶段的责任感是不同的。而这种话题针对学生这一个年龄层次来进行命题，更多是关于学生的责任，不是空洞地喊口号式的责任，而是注入了很多人文精神的一种责任。

2. 从哲理的思辨性方面去思考

比方说“优势与成败”这个话题，体现出成败和优势之间关系的辩证思考。具有优势的人并不一定就能成功，而在劣势下面他也并不一定就失败。这是一种辩证哲理思维，我们平时要多去仔细思索、思考，从理性的角度，从哲学的角度去理解它，特别要时刻提醒自己，作文内容要尽量贴近现实生活，注意用辩证眼光看问题。

3. 结合我们时代的一些特点去思考

平时要多关注时事，看一些报刊评论等，有利于从时代发展的眼光去把握问题。

4. 注意写作素材的积累

我们平时可以多准备一些素材，而且要按不同的类别分门别类。比如从自信心的角度去总结一些素材，从责任的角度又总结一些素材。可以按

这样的类别整理情感、道德、科技、环境、自然、人生感悟、社会生活、文化问题等。

记住，作文是语文考试中分值最大的一块，可谓是语文试卷的“半壁江山”，同学们万万不能忽视了平时的练习。我们还应该多读一些文章，尤其是一些杂文，在放松精神的同时思考一些学习之外的事情，对人生、对社会形成自己的看法。有思想的人不仅下笔会透出一种深度，而且整体语文水平甚至个人气质都会有所提升。

07 听出英语好成绩

心理学测试表明，人们通过听觉所获取的知识占全部知识的80%以上，听的能力在英语四项能力（听、说、读、写）中也是排在首位，只有听准、听清楚、听明白，才能说得清楚明白。因此，学好英语从“听”开始。

星光大道

范典 | 保送北京大学

曾获得全国高中数学联赛北京赛区三等奖；在哈佛大学商学院设计全球商业挑战赛中，其所在的团队获得世界第三

榜样之谈

我一直就很不喜欢答英语试卷上听力部分的题目。

高一时，也很少听英语听力磁带，一来是没时间，这么多的科目，那么多的习题要做，哪有闲情逸致专门听什么听力磁带；二来也是因为自己没兴趣。那时，我觉得听力这玩意儿如果能听懂，那就是懂，不论什么时候都能懂，而自己要是听不懂，那就是不懂，怎么练习也都无济于事。再者听力部分全都是选择题，最多也不过占20分而已。就算我全部选D，也总

能蒙对百分之二三十吧。何必把时间浪费在这上面呢？

可是到了高二，我就发现自己错了。高二英语考试时，我照例不听前面的听力内容，心想反正自己也听不懂，还是随便选个答案写上去。可是等考试结束总分出来的时候，我就傻眼了，我的英语成绩狠狠地拖了我的后腿。我开始重视英语听力了，并向同桌偷师解决方法，同桌说鉴于我英语听力底子差，就给我总结了几个要点，让我猛攻这几个点，这不高考我顺利走过来了，还考入了我梦寐已久的北大。

高效学法

高考听力语速较快，语言清晰，具有很强的口语特点，而且，旨在测试考生理解口头英语的能力。提高英语听力，要从以下三个方面入手。

1. 听好关键词

听力试题常用的一种题型就是给出一段独白或对话，让我们根据听到的内容做出选择，独白或对话往往是发生在一定场景之中。例如，询问天气情况，顾客与售货员的对话，路人询问乘车路线，数字、日期、时间，等等，这些场合或话题都会有一套常用的词汇。掌握好这些场景词汇，就能提高理解的程度并迅速判断出正确答案。这类词汇相当多，例如谈论天气常用：fine、mist、fog等词汇；order、fee等词汇一出现，就会联想到饭点、点菜等场景；crossroad、corner则是街头的标志；而final、professor又可以把大家带回校园。这些内容，平日都可以专门收录到自己的资料库中。

2. 捕捉对话、文章的大意

要善于捕捉意群，听的时候，以词组和句子为基础，迅速地抓住大意。捕捉意群，是指要抓住我们英语学习中常会说到的六个“W”，也就是

“When、Where、What、Who、Why、How”。如果听力部分有要求精确填写的空格，那也该在弄清楚大意后，在第三遍放录音中重点搜索。

3. 注意英汉差别

有一些句子，汉语和英语的表达很不一样，有时甚至截然相反，如下面这段对话的翻译：You won't go with her, will you? No, I won't.（是的，我不去。）Yes, I will.（不，我会去的。）

这样的话放在语法题里，可能很多同学都能做出正确的判断。但是，一旦听力中出现了类似情况，很多同学就会条件反射地把“No”理解为“不”。这是母语反射，但英语的习惯却不是这样，他们针对的是事实——只要是肯定事实，就说“Yes”；只要否定事实，就回答“No”。这些地方都是陷阱，同学们一定要格外警惕。

08 做好数学题的“撒手锏”

有同学说：“数学题并不可怕，怕的是不会解题。上课时听老师讲例题似乎懂了，作业也做出来了，但是考试时一拿到新题就找不到思路。”出现这种情况，原因是没有真正掌握解题的思维模式。

星光大道

欧阳智萌 | 保送北京大学

曾获得全国高中数学联赛（省级赛区）三等奖、一等奖

榜样之谈

高中三年最差的时候我是考了年级第168名。根据我们学校的情况，如果是年级前100名，才比较有保证可以考上清华、北大。

当时心情就很差。因为我想我也努力过了，可不知道为什么数学成绩就是不好，就挺沮丧的。后来，我的老师发现我状态不对，就找到我并和我一起研究试题，因为有一些问题我可能不太容易察觉，但是老师就很容易发觉了。于是，他帮我找出了问题所在：大题得分不超过10分，难题基本

没分。

我对比了一下我的试卷，发现每一套数学试卷的大题都打着鲜红的“×”，至于难题则基本空着。我把这些问题都集中起来，找出自己的错误所在并进行了改正。高三的考试也是比较密集的，所以，很快就把错误纠正过来了，成绩也就上去了。

高效学法

学习心理学认为，人们解决问题的过程就是根据题目的已知条件，找出已知条件和所求结果之间的差异点，然后一步一步补齐这两者之间的差异点。这个过程有一定的思维模式可循。我们做题时，从问题入手，快速找到思维起点，将思维步骤化，形成一定的思维模式，就可以避免盲目尝试的过程，又快又准地把题目做出来。

1. 特殊问题需要特殊思路

对一些特殊题目，采用特殊的方法，当然不是超出高中课本范围的知识方法，而是一些可以加快思维速度的小技巧。主要针对的问题是考试中的选择题与填空题。这些思路一般有特殊值法、对称法、图像法、实验法、逆向思维法等。如这样一道题：

有一空间四面体A-BCD如右图，问是否存在不在平面BCD上的点E使A、B、C、D、E五点在同一个球面上，如果存在有多少个?

A．不存在　　　B．存在有1个

C．存在有4个　　D．存在无数个

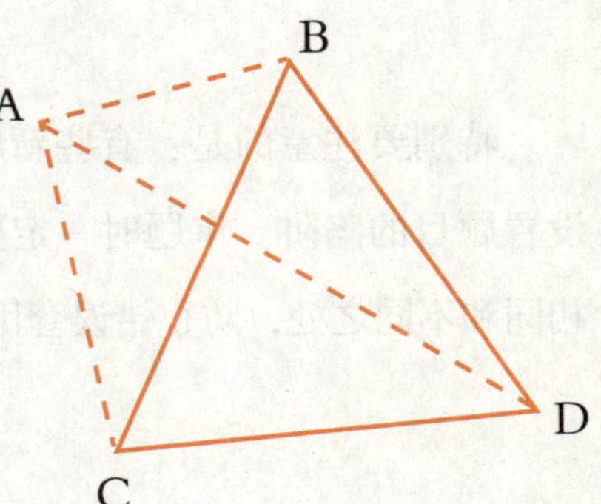

这里对这道选择题，可以用逆向思维的方法，因为A-BCD可以确定一个球体，则在此球体上只要取一个不在BCD平面上的点即可以满足题目要求。所以存在这样的点，而且有无穷多个。这只是一个很简单的例子，而这样的技巧还有很多，需要大家多多积累。

2. 收集题目基本模型

在自主招生数学学科的辅导时，老师告诉我们一个他教过的学生的故事：这位学生，高考时做选择与填空题，一共只用了7分钟，而且是全对。他的取胜之道就是在考前复习时积累了许多的半成品。所谓半成品，就是经典题目的基本模型，在之后的考试中见到了相似的就可以用到。当然这必须建立在对考试题目做出正确分析的基础之上，否则见到相似的题目，一味求快则可能掉入题目的陷阱之中。

3. 总结解题的规范思路

数学的学习十分讲究思路，特别是最后的几道大题，基本的思路还是有规律可循的。比如解析几何中求极值的问题，一般的思路是按题目直接分析题意，题目中会有两个未知数，常用其中一个表示另一个，再用这个未知数表示最后要求的量，之后只要确定此未知数的取值范围即可确定所求值的极值。当然这只是其中一种，对数学中变化很多的问题还应该勤动手，多找共性，从表面形式找本质，这样才能面对新题而不慌乱，使解题有方法可寻。

特别要注意的是：有些新题往往是对大家熟悉的题目做些小改动，来设置题目的陷阱。审题时一定要仔细理解题意，弄清新题与做过的题目的相同和不同之处，防止错误套用题目的解法。

09 提高自己运用地图的能力

“没有地图就没有地理学”，地图是地理的重头戏，有时甚至会比书本还重要。就拿一张地图来说，上面的每一点信息都有可能成为考试内容。因此，学地理一定要提高自己运用地图的能力。

星光大道

杨雨晨 | 考入清华大学

曾荣获北京市“三好学生”“十佳中学生”称号

榜样之谈

初入高中时，每次地理考试我都得脱层皮才出得了考场，前面的选择题、填空题，我还能顺利过关，可一到后面的识图题就开始头晕眼花了。每次做地理题都能累出一脑袋汗。图题，简直成了我的噩梦。可是，我偏偏又进入了文科班。开课之前，我就找到新带我们班的地理老师，向他讲了我的“症状”。老师笑着说：“你这哪是晕图症，很明显的是偷懒症嘛，我给你开几剂‘药方’，包你‘药’到‘病除’。”老师的这个‘药方'真的很管用，我的高考成绩就是最好的证明。

高效学法

同学们，你有没有像杨雨晨一样患上“晕图症”呢？你得到解决了吗？“晕图症”到底要如何克服呢？我们不妨看看杨雨晨同学是怎么做的。

1. 要看图

熟记书本上的各种图，例如，地球公转变式图、等温线图、等压线图以及各种统计图等，都要认真看、仔细研究。要知道很多试卷上的图题，都是通过书本上的图变化、叠加得来的。书本上的图是学习视图的基础，必要时还可以自己试着画图来加强记忆。当然，识图能力的培养不是一朝一夕的事情，所以看图是首先要下功夫的事。

2. 要做适当的练习

在做识图题时要学会两点，一要学会图与图之间的转换，二要学会图与文之间的相互转换，争取做到脑中有“图”、心中有“理”。在做识图题时，要尽可能地把自己脑海中的知识体系、要点放在各类图形上理解，活用图文转换，学会从图中发现问题。

3. 要注意专业术语

熟记地理书本上的专业语言以及概念和原理中的关键词语，这样在做地理识图简答题时就能表达得更准确、专业。而“好像”“可能”“大概”这样表述模糊的词语，在地理识图题中最好从脑中直接删除。

学习地理必不可少的工具就是地图，地图也是地理知识的重要载体，并且地理的一个重要特色就是考试中必会考到“地图”。所以，要想学好地理，提高识图能力是关键。

10 物理从理解概念开始

物理中的概念、定理，单单记住是远远不够的，重要的是要理解。

星光大道

王秉劼 | 保送北京大学

榜样之谈

对于物理，我感触最深的一点就是一定要深刻理解知识点，而不是表面的“懂”。这主要体现在选择题上，6分一道，而且几乎没有多余的时间回过头来检查，这就需要极高的准确率。而选择题大多是考概念的，很少需要你去计算。我每天早读都会花20分钟的时间把书上的概念翻一遍，那些不太熟悉的知识点就着重看。尤其是每次考试之后，我都会对照试卷，看每道题目所涉及的概念有哪些。那些导致我出错的概念问题则是我重点“攻坚”的对象。

高效学法

一般来说，我们对概念的理解可从以下几个方面着手：

1. 机械抄写

所谓“机械抄写”，是为了在抄写的过程中强化自己对概念的熟悉，这样有利于对下一步的思考。然后再“自己证明”，这会进一步增强自己对概念或者定理的信任度，那时自己在心里会想到：这个概念的含义果然很完美，或这个定理果然很有用。这样，在解题的时候你就会乐于用它，同时自己在证明的过程中还会发现一些问题，对课本上的东西进行一些补充，也有助于对问题的理解。

2. 做题运用

这个阶段很关键，做题的过程是一个检验自己的过程，同时也是一个重新学习的过程，一般的知识掌握都会通过做题这个阶段来完成。

3. 总结检查

做题的目的不是完成任务，不是做完，而是做会。因此，做完题目以后一定要认真总结，对于已经熟练掌握的知识点要心中有数，以后在复习的过程中就不要在这些方面花费太多的时间和精力了。

记住，物理的学习应该从理解概念开始。需要注意的是，在学习物理的时候，对于概念、公式、定理，要知道它是如何推理出来的，与其他概念、公式、定理有何联系，等等。

[**第三章**]

高考状元的外语学习秘籍

人大附中一直以全面推进学生素质教育为己任，创造出了独特的、科学完备的课程体系，最有代表性的是，人大附中设有英、法、德、日、韩、俄、荷兰、西班牙等10种第二外语课。因此，虽然学习外语是一件很不容易的事，但从人大附中走出的人才都是外语高手。下面我们以最常见、最常用的英文为例，来看看人大附中的学子们是如何学好英语的。

11 快速记单词的好方法

父母不懂外语？自己没有外语底子？一到使用外语的时候就张不开嘴？以上这三种情况实在是再常见不过了。这是大多数学生都会遇到的状况。关键在于，我们能否正确地面对，一步一个脚印地搭建起我们的外语基础。

星光大道

丛乐 | 考入清华大学电子系

曾获得清华大学特等奖学金

榜样之谈

英语说白了就是一个一个单词组成的，单词的掌握才是我们学习英语的基础。但是，我发现有的同学不明白，他们总是整天纠结语法问题、时态问题。如果一个句子中有几个你不知道意思的单词，你连整句的意思都不理解，还谈什么语法、时态呢！

还有一种方法比较老套，就是多看、多听、多说。不要不耐烦啊，我的同桌能力跟我差不多，但英语考试就是没我好，后来我们对照卷子，我发现作文、阅读理解、单选、完形填空这四个部分我们基本差别不大，但是我的听力能拿到满分，他却只能拿一半，他说他听不懂，但是看听力原文的时候，他又都懂，这就说明，平时听少了、说少了。

谁会跟成绩过不去呢？有现成的并且行之有效的方法摆在我们面前，直接拿来借鉴才是硬道理啊！

高效学法

学英语，词汇的记忆是必不可少的，词汇是学好英语的基础。没有了词汇，也就谈不上句子，更谈不上文章，所以记单词对我们就显得极其重要。具体有以下几种方法：

1. 谐音记忆

利用读音产生联想，帮助记忆。例如：

bus：公共汽车。联想：公共汽车的俗称“巴士”。

play：玩。联想：玩多久也“不累”。

guess：猜。联想：总让人猜来猜去，猜不到，真是“该死”。

strong：强壮。联想：强壮的男人总是“死壮死壮”的。

fish：鱼。联想：鱼有好多刺，吃鱼最“费事”了。

2. 联想记忆

它主要包括以下几种形式：

（1）根据发音来记。你如果会cake，你就会bake、wake、make、rake、sake、fake、lake、ake。

（2）同义词：study / learn（学习），big / large / great（大的）。

（3）同音词：too（也）→two（二），for（为）→four（四）。

（4）词形相近比较：want（想要）→wait（等待），read（读）→ready（准备好）。

3. 归类联想记忆

把所学的单词按照不同的范畴分门别类，将所学单词合理归类。

（1）按词性归类。如：名词driver、name，动词be、have、drive。

（2）按用途归类。如：服装类coat、shirt、skirt、sweater。

4. 搭配联想记忆

以一个单词为中心搭配不同的词而构成新的短语。这种语言现象非常多，如能经常使用此法则会牢固地记住所学的短语。如含有get的短语有：get ready for（为……做准备），get up（起床），get on with（与人相处），get down（下来），get dressed（穿衣服），get back（取回；回来），got on（上车），get off（下车），get to（到达），get out of（从……出来），get lost（迷路）。

5. 中英结合，以熟带生

中文是我们的母语，我们最熟悉的语言，中文混搭英文，熟悉的中文可以帮助我们记忆陌生的单词。例如：

世界之窗　Window of the World

成绩单　transcriptions

民俗文化　Folk Culture

榨菜肉丝面　Pork, pickled mustard green noodles

三思而后行　Look before you leap

记单词是个日积月累的慢活，我们平时要勤动手，循环记忆。看的次数多了，说的次数多了，再难记的单词也能记住。

12 英语中常用的9种“万能句型”

写英语作文时，有些同学常常只写短句或简单句，写出的文章过于空洞、言之无物。究其原因，就在于这些同学没有掌握足够的句型。因此，英语作文要想写得出彩，分门别类地掌握和使用句型十分重要。

星光大道

林茜 | 北京市高考理科状元

因获学科竞赛全国一等奖高考奖励20分

榜样之谈

以前我特别害怕英语作文，考试的时候听完听力就赶紧写作文。

别问我为什么啊！我相信很多同学跟我一样有这方面的困扰。从前，感觉英语作文好难，一个词一个词地往外蹦，怎么也凑不满120个词。平时练习，老师给我的评价就是“中国式英语”。老师总说英语作文不像语文作文，语文作文阅卷老师会看作文的整体，会去感悟学生的思想，但英语作文阅卷老师的任务就是挑错，如果错少，又有几个优美的句子，那这就是一篇高分作文。后来，我就刻意积累常用句型，以及英文的名言警句。慢慢地，越积累越有语感，到最后我可以轻松记忆大段的英文文章。

上了大学，我又对日语一见钟情，我发现，语言之间存在相似性。日语和英语一样，“万能句式”都可以发挥巨大的作用！

高效学法

具体来说，英语中常用的“万能句型”有以下9种：

1. 不用说…：It goes without saying that...=（It is）need less to say（that）...

例如：It goes without saying that it pays to keep early hours.（不用说早睡早起是值得的。）

2. 在各种……之中：Among various kinds of...=Of all the...

例如：Among various kinds of sports, I like jogging in particular.（在各种运动中我尤其喜欢慢跑。）

3. 就我的看法……，我认为……：In my opinion,...=To my mind,...=As far as I am concerned,...=I have the opinion that...

例如：In my opinion, playing video games not only takes much time but is also harmful to health.（就我的看法，打电动游戏既花费时间也有害健康。）

4. 随着人口的增加，……：With the increase/growth of the population, ...

随着科技的进步，……：With the advance of science and technology, ...

例如：With the rapid development of Taiwan's economy in china, a lot of social problems have come to pass.（随着中国台湾经济的快速发展，许多社会问题产生了。）

5. ……是必要的：It is necessary（for sb.）to do/that...

……是重要的：It is important/essential（for sb.）to do/that...

……是适当的：It is proper（for sb.）to do/that...

例如：It is proper for us to keep the public places clean.（我们应当保持公共场所清洁。）

6. 花费：spend……on sth./doing sth.……

例如：We shouldn't spend too much time on something we aren't interested in.（我们不应该在我们不感兴趣的事情上花太多的时间。）

7. 状语从句

A. 如果你不……，你就会……：If you don't...， you'll...

例如：If you don't keep working hard, you'll lose the chance.（如果你不坚持努力工作，你就会失去这次机会。）

B. 如此……，以至于……：so...that...

例如：At that moment, I was so upset that I wanted to give up.（当时，我非常伤心，最后都想放弃了。）

C. 每当我听到……我就忍不住感到兴奋：When ever I hear...，I can not but feel excited.

例如：When ever I think of the clean brook near my home, I can not but feel sad.（每当我想到我家附近那一条清澈的小溪，我就忍不住感到悲伤。）

8. 宾语从句

A. 我认为……/我认为……不：I think/I don't think that…

B. 我想知道是否……：I wonder whether…

例如：He doesn't think I should stop him joining the club.（他认为我不应该阻止他参加这个俱乐部。）

9. Since+S+过去式，S+现在完成式

例如：Since he went to senior high school, he has worked very hard.（自从他上了高中，他就一直很用功。）

要使自己具有较强的写作能力，除了上述技巧，同学们在平时还应该多熟读和背诵一些句型和短文，通过大量的背诵可以把大量现成的语言积累在脑海里，自己写起作文来，就能下笔如有神了。

13 学英语不仅要动脑，还要动口

学好英语要始终抓住听、说、练三个环节。这三者是相辅相成、不可偏废的。英语是一种交际工具，要学好它，我们的第一要务是在实践中学它、用它。平时多说英语则显得特别重要，这一点往往被不少同学所忽视。

星光大道

姚昱星 | 保送清华大学

曾荣获北京市市长提名奖

榜样之谈

我就是班里的英语“小老师”。

为什么这么说？我从上中学开始，英语成绩就很好、很稳定，经常被同学拽去问英语语法、英语题什么的。但是，我不是个有耐心的人，常常被问得不耐烦了就说：“还是去问老师吧！”但同学想了想，说：“还是问你吧，问老师只能问出个答案。”我恍然大悟，老师的理解方式其实跟我们不尽相同，学生之间相互交流，知识点才更容易被理解。而且，英语上的交流让我跟同学之间的关系特别和睦。

既然说到同学间的互助，那更要提一提自己跟自己的互助。也就是说，调动我们的眼睛、耳朵、嘴巴、手，让它们相互配合，才不会写作文时错误百出，或者变成哑巴英语。只有听、说、读、写样样通，才能取得好的英语成绩。

高效学法

具体来说，同学们在学习英语过程中经常会出现如下问题：

1. 天生是个“闷葫芦”

解决办法：找到适合自己的“发声”方式。父母常常教导我们：“要脚踏实地，多做事，少说话，因为酒香不怕巷子深……”然而，闷头苦干的方法在学习上是使不得的，老师无法了解你的知识掌握情况；第二，同学会对你感到很陌生；第三，容易在学习中产生孤单感，如果你也属于天生少话的同学，在一个你觉得充分安全的地方，大声地朗诵英文课本或者单词，总之，避免变成哑巴英语；第四，在原来话少的基础上，增加一点分享意识，比如，接受老师的邀请上台发言，针对其他同学的某一段精彩发言进行点评，或者平时通过微信、QQ、电邮与同学、老师交流想法。

2. 看到老师，就像老鼠见到猫一样

解决办法：给老师一个新的身份。在精神紧张的状况下是很难进入学习状态的，如果最让你安心的是你的母亲，你就想想英语老师是你的母亲。如果你的某一个朋友被你视为知己，你也可以将你的英语老师赋予这样的新角色。如果英语老师特别凶，你甚至可以调侃式地把他当做狮

子。而他凶，只是为了让我们有个好成绩。

3. 感觉自己跟身边的同学不是一拨儿的

解决办法：时刻提醒自己想要获得接纳，先学会接纳。这里我们必须强调，英语学习需要同学们之间的良好互动。首先，英语口语，学生之间，最常见的练习方式就是同学之间的互动。其次，就像榜样同学姚昱星所言，同学之间的沟通有利于英语的学习。俗话说得好："想要得到什么，就得先付出什么。"最好一开始就保持一种开放和接纳的心态。想要得到别人对自己的接纳和尊重，那就先得去尊重和接纳别人。

英语是一门语言，在学生时期，它虽然主要目的是应付考试，但它终归会成为帮助我们交流的工具。因此，同学们要抓住一切机会练习英语对话，如师生对话、生生对话、英语角对话、英语演讲、和外宾对话等。不要怕说错，不要怕别人笑话，只要敢开口说英语，就是成功的一半。

14 学习英语要五官并用

英语作为一种语言，其运用的最高境界就是"四会"——听、说、读、写。在学习别的科目时，大家用得最多的可能是手和耳，但在英语学习中，五官并用才会更有效。

星光大道

吴文昊 | 考入清华大学

曾荣获全国奥赛一等奖

榜样之谈

我的偶像是妇孺皆知的主持人大山。中文比英文难学，但大山的普通话却说得比很多中国人都标准，这是为什么？原因很简单，因为大山已经达到了神似的地步，你观察他的一颦一笑就会发现，他的神态举止都有中国人的味道。在这里我要跟大家分享一个我的英语学习方法——周六周日到英语角跟老外交流。不只是学习人家的语气，说话断句的方式，你更要观察他的神态。我自己的亲身经验是害羞，刚开始的时候多少都会听不懂对方说什么，虽然对方会照顾我们尽量不说生僻词之类的。这个时候千万不能产生放弃的想法："算了，真是丢人现眼！不去了！"当时，我大概坚持了一个月，每周末都投入其中，第二个月开始就变得越来越顺畅。从那一年开始，我的英语听力考试就很少失分了。再到后来，阅读理解这种大题也很少失分了，最后英语就成了我的强势课目。面对一门语言，谁都会从幼儿一般的状态开始，不管是模仿还是创造，都没有什么丢人不丢人的，只有学会了、学好了才是硬道理！

高效学法

学英语特别忌讳一个"懒"字，很多同学在学英语的时候，往往只是用了某一个器官，而没有想到在一个单位时间里，其实可以五官并用，这样的话可以提高自己学习英语的效率。

谈到五官并用法学英语时，湖北省文科状元康静是这样说的："拿到一个有声文本，我一般会进行五遍听音。第一遍进行听音不看文本，第二遍，把自己听到的东西写下来，进行听写。第三遍一边放录音，一边对照文本，看自己所听写的内容和原文本有什么差距，尤其是要注意自己写错的和没有听出来的地方。第四遍一边听文本，一边进行跟读，即看文本，听录音，跟读。第五遍不看文本，听录音，进行跟读。"

另外，大家还可以这样做：

1．看英语书上的插图，刺激我们的眼睛，想到这张图就会想到这个单词，甚至是整句话。如face，你将这个单词与同桌的脸联系起来，甚至可以画在书本上，为背诵单词、记忆段落创造更贴切的场景。

2．多看英文电影，要求带中英文字幕。同学们在观看电影的同时，要注意剧中人物的口型。让声音刺激耳朵，剧中人物和字母刺激眼睛，这是一种潜移默化的学习方式。

例如，Off the beaten track（独辟蹊径）。第一次见到它应该如何理解？首先“off”最常见的就是离开的意思，“track”是轨道的意思，“beaten”可能会难住很多同学，它是“beat”（击打）的过去分词。理解了这三个单词，这个短句也就大体能领会它的意思，“打破原来常规的路”，也就是另辟蹊径。这是考场中遇到生僻词句时的一个重要的攻克手段，也是我们日常学习中，结合眼睛、耳朵、嘴巴的一个行之有效的方法。

相声大师马季的一个名叫《五官争功》的段子中，明确地告诉我们生活中需要眼、耳、口、鼻、脑袋的相互配合。学习英语更是如此，眼睛可以让我们准确地获取知识，耳朵可以让我们知晓音调、语气，嘴巴更是我们检验准确与否的关键。五官相互配合，相信学好英语就不再是难事。

15 英语的听、说、练

很多同学在英语学习中会发现一个很奇怪的现象，自己的单词量已经很丰富了，语法项目也学得很扎实了，可就是听不懂老外说的英语，而自己说的英语老外也听不明白。这是什么造成的呢？究其原因，是因为我们太缺乏说英语的语言环境，大多数同学成了只会读课文而不会交流的“哑巴”。

星光大道

杨奔 | 保送北京大学

曾获第48届国际奥林匹克数学竞赛金牌

榜样之谈

我一直忘不了与那位外国朋友交流的尴尬场面。

依稀记得那是个阳光明媚的周末下午。我跟几个朋友相约去篮球场比赛球技。快到的时候，一名外国朋友拦住了我，他很客气地说：“您、好。纹、路。”我反应了一下，意识到他是要问路。我问他要去哪里。他说：“目、足、没、法、功。”我一下子就傻了眼，反复问了几遍，我们俩都烦了，最后他尽可能用标准的中文说："敏、足、问、花、功。"我一下子就意识到他要去民族文化宫，同时反应过来其实可以用英语交流的。我说："The Cultural Palace of the Nationalities？"他一下子就兴奋了，不停地说"是"。

从那以后，我就非常注意英文的语气和断句，我觉得这很关键，那位外国友人连说了两遍，只是略微的语气改变和断句改变，就是听懂和听不懂两种截然不同的结果。

高效学法

英语的听说能力是一个实践性很强的技能，需要大量练习、反复实践才能提高。那么，我们该如何进行听说训练呢？

1. 模仿

人的许多技能都是通过模仿而获得的。毫无疑问，模仿是成功的方法之一。英语的模仿不仅取决于老师发音的水平，也取决于同学们自己准确模仿老师发音的能力，更取决于反复练习同样的语音和句型的恒心、耐心及牢固的记忆力。因此，同学们在上英语课时应注意做到：听师发音看口形，模仿读音要主动，自己发音师纠正，模仿录音定成功。这样反复模仿，反复练习，就可以掌握好语音、语调。

2. 利用现代音像设备加强训练

到语音室、语言室听磁带，在家收看英语节目，用"随身听"听磁带，一有空就练习听力。这样，一定能迅速提高听说水平。

3. 朗读

朗读课文，可以使自己的语言更加流畅，语调更加自然。特别是晨读，每天坚持，口语能力会迅速提高。

4. 课堂回答提问练习

在课堂上大胆回答问题，是听、说能力提高的重要方法。因此，同学们发言要大胆，敢说敢讲，不怕出错。

5. 利用课文进行听、说练习

课文包括了语音、词汇、语法，是进行听、说、读、写的综合材料。北京一位英语竞赛优胜者是这样做的：先记生词，熟读课文，然后从第一句开始，“品字形”叠加背诵，直至全文背诵完。

6. 交流

练习口语唯一的方法就是交流，老师、身边英语出色的同学都是较好的交流者。在交流的过程中，你会自然而然地掌握一些对方常用的习惯用语，同时也能纠正自己容易犯的小错误。对方说的时候一定要留心听，他说的任何一个小细节都可能在日后的考查中帮助你答题。通过交流锻炼的不仅仅是口语，还有听力、语法等。

学习英语是随时随地的事。比如，走在街头时，多注意一些英文招牌，留意其中不懂的词，回去记下。长期下来，通过这种方式就能积累不少词汇。除此之外，平时多接触英文音乐、电影，其中的歌词和对白都是有助于积累词汇量的。在反复地听英文歌曲和英文对白的过程中，很多单词和句型就深深地刻入了脑子中，用的时候也很容易脱口而出。

16 记单词的“金点子”

学英语，词汇的记忆是必不可少的，词汇是学好英语的基础，没有了词汇，也就谈不上句子，更谈不上写文章，所以记单词对我们就显得极其重要。

星光大道

杨宇轩 | 考入北京大学

曾获得中国数学奥林匹克一等奖，高中阶段连续三年被评为“三好学生”“优秀生”“优秀团员标兵”

榜样之谈

我是一名成绩平平的学生，平时酷爱看武侠小说。

英语是我最头疼的科目，它是我的软肋，总在110分上下晃悠，老拖我的后腿。大家看到这里可能觉得没什么，可你要是知道我所在的班级，你可能就会为我捏一把汗了——人大附中英语实验班。

一开始并没有觉得英语差有什么，大不了常在实验班摆尾。可是，到了高三，我明显感到力不从心了。迫于英语成绩难以提高的压力，我找到了英语老师，老师见到我的第一句话至今让我印象深刻："你终于来了啊？我都快等不及了，真为你捏一把冷汗。"

鉴于我当时的水平，老师建议我从最基本的开始，她建议我将重点放在保证词汇量和增加阅读量上。虽然时间很短，但是经过三个月的时间我的英语成绩显著提高了，高考时取得了149分的好成绩。

高效学法

很多同学都认为背英语单词是老大难，下面我们就来看看杨宇轩同学具体是怎么做的：

1. 规划自己的时间表

说起自己学习英语的特殊方法，我认为一定要根据自身情况合理分配学习量。从当时的1月开始到6月高考，除去1个月的总复习，我还有5个月的时间专门复习基础知识，我计划得很细，制定了每日英语复习量，并且严格要求自己完成任务。

时间	哪一系列单词	单词量	完成量	未完成原因
1月1日晚 21：00～21：30	doctor、dear、pickup	40	40	

2. 词串法增大单词量

根据自己每天需要记忆的系列单词，就是看到一个单词，立刻联想到相近、相似的单词，把这些单词在脑中“串”起来，以加深记忆，如以单词doctor为例，那么串出与之相关的单词如下：

actor演员、actress女演员、dancer舞蹈演员、director导演、model模特儿、singer歌手、dentist牙医、nurse护士、pilot飞行员、consultant顾问、sailor水手……

3. 累加强化记忆

第一天，背诵doctor、dear、pickup系列相关单词10遍。

第二天，背诵2日晚系列相关单词10遍，doctor、dear、pickup系列相关单词5遍。

第三天，背诵3日晚系列相关单词10遍，1、2日晚系列相关单词各5遍。

第四天，背诵4日晚系列相关单词10遍，2、3日相关单词5遍，doctor、dear、pickup系列相关单词2遍。

这样每个单词都能背诵22遍，分四次背完，随后做上记号。

这种方法是我在一次语文阅读中意外发现的我国著名文学家丰子恺学习外文的方法，我想他读外文这样用，那么我背诵单词是不是也可以借鉴一下呢？结果效果还真不错！我在三个月内疯狂背记完高中课本中的常用单词——近4000个。

学英语，是要下一些笨功夫的，功夫就在于记忆量大。如果说别的功课，如语文、数学，记多记少，或许一时还显现不出来，而英语则不一样，多下一分功夫，多记一个词，都有可能会显现出来——你记住了这个单词，别人没记住，你就比别人强。

[第四章]

通过“统练”积累实战经验

大家对所学知识的理解深度、掌握程度和运用水平这些学习效果问题，都需要通过做题巩固和检验。但是，人大附中作业量并不很大，同学们一两个小时就能完成。不过，这并不等于松懈。人大附中的老师对学生的要求是非常严格的，每周一次数学统练，每两周一次语文和英语统练，这样既能帮助同学们积累实战经验，又能及时检验同学们的学习水平。

17 做题要注重解题过程

在做题中，有些同学只关注结果，认为只要答案对了就行了。其实，在解题过程中领悟各种解题思路和方法，才应该是我们做题的终极目的。

星光大道

张欣琦 | 考入北京大学

榜样之谈

他们私下都叫我们“童养媳”。“童养媳”这个词并不是对“状元班”的贬损，是大家对我们班同学的几分钦佩。因为“童养媳”指的是我们“状元班”很多同学的经历。班上有不少同学从小就在数学方面表现超常，小学三年级时考入人大附中的超常教育基地——仁华学校，开始进行数学超常训练，进而进入人大附中的理科超常实验班。我们班中不少同学当了6年甚至9年的数学尖子生。本人不才，是中考后才考入这个超常实验班的，在一波又一波统练的狂轰乱炸下，我都快要“阵亡”了。你能理解每次统练后都是倒数的感觉么？曾经我一度想要放弃这个来之不易的实验班，好在天才同桌给我支了一招，才让我在次次统练中得以在状元班保有一席之地。

高效学法

大家都知道，中考大题是以解题过程为主，按步骤给分。细化到每一分怎么给，什么情况给出什么式子，得到什么结果，都有详细的要求，所以同学们更要注重解题过程。

张欣琦按照同桌的建议，根据自身的实际学习情况，总结归纳了解题过程中的三个关键步骤：

1. 认真审题

第一，学会点、画、批、问。把关键的地方都点出来，把条件、关系和结论都画出来，把自己的理解、质疑和心得等用三言两语批出来，把有疑问的地方都用问号表示出来。

第二，跳出障碍，先看下去。对一时看不懂的地方，不妨先跳过去，或许读过后面的叙述，前面不懂的也就懂了。

2. 寻找解题途径

解题方法一般有三种：

第一种是"有因导果"，可以表述为"已知→可知→可知……"，最后达到结论。

第二种是"执果索因"，即"结论→需知→需知→……"。这样一层层追下去，直至追到已知条件全部有了为止。于是，已知条件和要求结论之间的道路就打通了。

第三种是对于一些比较复杂的题目，就需要综合运用前两种方法，以尽量缩短条件和结论的距离，即一方面从已知条件推出一些可知的中间结果，另一方面根据题目的要求分析出一些需知的中间结果。需知和已知一旦统一，则可得到解题的途径。

3. 仔细检查

检查包括两种方法：一是步步检查法，即从题眼开始，一步步检查。这种方法可以检查出计算、表达上的错误；二是重做法，即重做一遍，看结果是否与之前做的一致，同时锻炼一题多解的能力。

张欣琦补充说，当你在解答过程中学到一个新的方法的时候，最好让它成为你解题能力的一部分。以数学为例，比如求最值的方法，求角度、长度的常用方法，证明垂直的方法，等等，一旦把这些方法变成了你自己的方法，数学能力的提高也就是水到渠成的事了。

18 学好语文的必备方法

中学的语文学习是几门学科中最难以把握的，因为其他的课程可以总结出很多实用的方法，可以做大量的习题，但是这些对语文的学习来讲，通常收效甚微。

星光大道

周静荷 | 北京市高考文科榜眼

榜样之谈

我能考出这么好的成绩，完全要感谢我的老师。记得一次期末考试，我本来考了第四名。考试之后，语文老师在课堂上讲古文，突然老师问谁会背诵《蜀道难》？当时没人搭腔，老师就提出了悬赏，说：“谁能背一首，我把他期末考试试卷加到150分。”重赏之下必出勇夫。我当时一听，这么容易就能拿150分，立马举手，站起来流利地背了《蜀道难》。老师果然说话算话，当时就把我原来的142分改成了150分。很多同学都很不服气，我自己也认为这是天上掉馅饼。但这次经历在我心中留下了一记期望，从此我暗下决心——非要拿真正的第一不可！

高效学法

相信大家都不难发现这样的现象：语文本身在学科方面比较杂、比较碎，和课本的联系相对少一点，就算是语文考试的内容，和课本联系得也并不紧密。所以说，在语文的学习过程中，我们更要注意讲究方法。下面就来看看周静荷同学具体是怎么做的吧。

1. 勤读

因为语文是人文科学，所以缺少情感、缺少词汇的人都是很难学好语文的，可见多读、勤读对提高语文成绩是很有必要的。作为高三学生，我们不妨制订一个读书计划。比如，每天读一篇文章，每周读一本杂志，每个假期读三本书，等等。在高三时期尽量不要读大部头的书，大家不妨多读一些散文，尽量选择一些大家的文章来读，如巴金、徐志摩、余秋雨、周国平、周涛等大家的作品。当然，《语文读本》中的文章也很值得大家自习阅读。

2. 勤写

俗话说，熟能生巧。大家刚学习写作的时候，记叙一件事可能只会按照时间顺序将自己的所见所闻如实记录下来，后来慢慢学会使用倒叙手法记叙一件事，再后来学会使用先抑后扬、欲擒故纵等手法来记叙一件事，最后则能综合运用各种手法、各种表达方式来记叙一件事。可见，勤写多练对提高写作技巧来说是非常重要的。因此，大家在平时的学习中要多写，坚持每天写、每周写、随时写。开始时可以写几行、写几页，到最后则可以写小说、写散文、写议论文、写说明文等。我认为，作为高三学生，每周都要坚持写一篇文章。

3. 勤思

作为学生，对待学习也应该这样：勤于思考并总结出好的学习方法，久而久之，就会形成良好的思维习惯。以解决问题的策略为例，有的同学靠经验；有的同学靠推理；有的同学靠直觉。很显然，经验和直觉都不是解决问题的好方法，对学习中遇到的每一道难题，只有综合分析才能寻找到最佳的解决方案。所以，我建议同学们要有意识地培养自己良好的思维习惯。

学习语文不能急于求成，应该有打持久战的准备，如果你能踏踏实实地去学，一定会有所收获。

19 记笔记是一种学习策略

你有没有遇到过这样的情况：以前不会的或者做错了的题，考试时仍然不会或者一错再错。其实，造成这种现象的关键就在于你平时做题时对自己的错题没有认真对待和处理的习惯。我们如果能把难点和重点问题及时整理到笔记本上，并细细研究，就能够有效地防止错误再次发生。

星光大道

赵宇晨 | 保送北京大学

榜样之谈

除了基本的课堂笔记外，我从高一开始还养成了记难题笔记和错题笔记的习惯。将难题和错题统一集中记在笔记本上，我会遮住答案重新做一遍难题和错题，然后用红笔写下心得，包括解答这类题目的技巧，以及在做此类题目时需要注意的细节等。坚持了一段时间后，我发现自己不仅找到了解答难题的规律，而且之前做错的题目也很少再出错。

高效学法

其实，记错题笔记是很多状元和尖子生共同的学习方法。赵宇晨同学认为，在学习的具体细节上，要认真找出自身知识的短缺处，并采取有效的方法及时改进。为此，他归纳出了四个记错题笔记的"宝典"：

宝典一：易错题集。就是平时注意归类整理，把一些自己学习、考试中的易错题集中到一起，仔细分析错因，记录题目的正、误两种做法，特别注意对错因相同、相似的错题认真分析。

宝典二：难题汇编。就是把平时练习和各次考试时碰到的难题归类整理，并在难题旁注上关键难点、解题思路与方法，并列出该题的若干种变化形式，举一反三。同类型难题归在一起，见多识广了，便不致在考试解题时对不上号而无所适从。

宝典三：好题索引。将平时学习考试中遇到的好题（对自己启发比较大，考试可能性很大的题目）集中归纳整理，并用单独的本子标明页码、题号，以备查用和学习。

宝典四：试卷分析汇总。每一次考试都是对所学知识的一次检验，因此平时就应养成总结每次考试得失的好习惯，考得好主要得益于什么原因，考得不好的主要原因又是什么，并归纳整理成册。

赵宇晨同学说："通过研究错题可以整合出重要的知识点，而重新对难题进行思考能够帮助拓宽解题思路。我也曾对各学科的错题、难题进行分类积累并不时翻阅，发现从中获取的信息不仅精炼，且含金量十足。"如果同学们能养成坚持做难题笔记和错题笔记的习惯，并在做笔记时加以分析，使难题不难，错误不再重犯，这会明显提高考试时答题的正确率。

20 不可不知的解题方略

做题是同学们运用所学知识解决问题、提高学习技能的过程，必须细心、认真地去做，否则，不但起不到丝毫作用，还会白白浪费很多时间。那么，怎样才能加强做题的效果呢？

星光大道

曾天 | 考入哈佛大学

被哈佛和耶鲁大学同时录取，最终选择了哈佛大学

榜样之谈

我对数学有一种狂热的喜爱。连我的qq个性签名都是清一色的数字符号：AB//CD（已知）∠1=∠2（两直线平行，同位角相等）。在这样的热情下，我的数学成绩肯定不会差。不过在高二时，虽然基本的数学课程足够我应对，但是我越来越发现自己的水平在竞赛时毫无优势。那时我格外渴望能得到指点。

每一匹千里马都需要找到属于自己的伯乐。经过一番寻找，我决定投入理科实验班李老师的名下，李老师是人大附中最出名的数学教师，而且

他讲授知识时更是深入浅出、幽默风趣，我独爱听他讲课。他更是一针见血地指出我在数学中的弱点——马虎。于是，他针对我的个人条件，给我列出一个清单，让我在每次做题时都从头捋一遍。

高效学法

考试不仅要考你会不会，更重要的是考你对不对。所以，在平时你就应该注重做题效果，这样才能百战百胜。下面我们就来看看李老师给曾天同学开出的清单吧。

1. 审题要准

审题时，速度不宜过快，最好采取二次读题的方法；第一次为泛读，大致了解题目的条件和要求；第二次为精读，根据要求找出题目的关键词语并挖掘题目的隐含条件。

2. 算理要清

在解题的过程中，不仅要明确每一种运算的基本步骤和方法，还要明确进行这种运算所需的条件是否具备。

3. 跨度要小

解题的过程（尤其是运算过程）的衔接要紧密，不要跳字，尽量不用心算代替笔算。这一点是一些考生不能一次成功的最大杀手。

4. 考虑要周

思考问题时切忌丢三落四、想当然、麻痹大意。如果在训练时出现此种情形，除性格因素外，要特别考虑一下个人在知识方面的缺陷。

5. 步骤要全

在做练习时，不要为了节省时间认为一些步骤可有可无，有意地忽略一些步骤。因为考试时，一些大的计算题、文字题、证明题等是按步骤给分的，在答案中该出现的步骤没有出现，就不会得分了。

6. 争取一遍做对

每道题只做一次，这种好的做题习惯，在考试的时候尤其能够发挥巨大作用。因为考试时，再回头检查的概率是很小的，争取一遍就做对，这对提高得分非常有必要。

7. 做题做到熟练

考试时，收卷的铃声响了，有一些同学连题都没有做完，更别说检查了。所以，为了提高自己的解题能力，在平时做练习的时候就应该在解题的熟练程度上多下功夫。

21 复习是最好的记忆

有一位高考状元说，决定学习成绩高低的关键，往往就在于复习质量的好坏。这话说得一点都不错。不善于复习的学生就像是一位只知低头赶路的车夫，不知道往后看，结果车上的东西掉光了，自己也不知道。因此，我们必须勤于复习，学会科学地复习，并养成一种良好的习惯。只有这样，我们所学的知识才会更加牢固，以后的学习才会更加轻松。

星光大道

徐紫萱 | 考入清华大学

曾荣获高中数学联赛一等奖，国家奥林匹克数学竞赛金牌，第23届北京市高一物理竞赛一等奖，全国高中数学联赛省级一等奖

榜样之谈

外班的很多同学都称我为“竞赛专业户”。其实我一点也不特殊，在我们理科实验班，像我这样的专业户多如牛毛。

了解竞赛的人都知道，准备竞赛和参加竞赛是一项强度极大的工作，并且集训队的训练是脱离学校正常教学的，记得从第一年的9月到第二年的

4月我都在集训队集训，全天都在学数学，看到的是数学题，听到的是数学题，脑子里想的也都是数学题，即使不集训，每天大部分的时间也是用来学数学。而归校后其他落下的功课我就得在剩下的几个月里补上，这样的压力和学习强度差点击垮我的承受极限。

每天放学后，我基本都会比别的同学晚2小时回家，不是在语文老师家补习课文，就是在英语老师家练习阅读……几乎在每个老师家都待过，但是没办法，为了赶上进度，我只能每天开“小灶”，其实除了竞赛科目，我也跟同学们一样，需要努力赶。

高效学法

在徐紫萱看来，复习对自己的学习很有帮助。她说：“那么多优秀的同学聚在一起，只要稍不努力就会被其他同学甩在后面。而我又不属于绝顶聪明的那种，所以我只能比别人加倍地努力。而不断地复习则是我保持领先的诀窍。”

下面我们就来看一看徐紫萱同学是怎样复习的。

1. 当天的课必须当天复习

这样可以及时巩固当天上课的内容，同时也可检查当天听课的效果，帮助改进听课方法及加强听课效果。

2. 做好章末复习

由于教材的编写考虑到学生的认知特点，所以把完整的知识体系分划到各章节中，如果课后不及时总结，掌握的知识是零碎的而不是系统的话，就不会形成“知识串”，容易遗忘。学习一章后应进行阶段复习，明确每章知识的主干线，掌握其知识结构，使知识系统化。找出节与节之间、章与章之间的联系，建立新的认识结构和知识系统。

3. 做好全面复习

为防止将前面所学的知识遗忘，每隔一段时间，最好不要超过10天，需要将所学的所有知识复习一遍，可以通过看书、看笔记、做题、反思等多种方式进行。如果不进行全面复习，所学的知识就是很零碎的，就很容易被遗忘，也就不可能应用自如，在解题时就会感到十分困难。

复习，就是把已学的知识再学习、再温习，使知识巩固下来的过程。温习课本、做练习题、看参考资料、看错题、总结归纳笔记等都是复习要看的资料，但是其中课本是根本。因此，徐紫萱同学提醒大家：复习时一定要以课本为主，正确处理参考书、复习资料与课本的关系，决不能以参考书和复习资料代替课本，更不能生搬答案。

22 解答物理题的基本思路

物理的学习特点虽然以理解为主，但只有通过适当地做题，才能提高自己的运算能力和速度，从而锻炼思维的应变和运用能力。若把物理看作是一个浏览器，那么基本理论是它的内核，画图技巧就是它的界面，而思想方法则是它的优化插件。

星光大道

缪盈 | 保送北京大学

曾多次获得市级物理竞赛一等奖

榜样之谈

缪盈是老师眼中的骄子，但是缪盈却说自己压力好大：

“每次统练物理都是我最紧张的时候，我清楚地记得，最后一次统练物理前，我辛辛苦苦地做了一个多星期的练习题，做得我脑袋都大了三圈。

“结果等到发卷子的时候，我心里就很不淡定了，因为做试卷的时候我就已经感到力不从心，心里跟打鼓似得七上八下的。果然不出我所料，68

分！班长把试卷放在我桌上时，还格外地看了我一眼，至今我还记得那个鲜红的68分。

“晚上放学，就被物理老师叫到了办公室，他给我一道道分析错题：里面有因为粗心答错的题，也有因为概念混淆选错的题，还有自己没复习到的实验题。看到这些题目，以及老师殷切的目光，我羞得面红耳赤，我很感激此刻的老师没有批评我，而是给我分析了利弊，让我能在高考前顺利地调整过来。也让我明白演练物理时，基础知识是多么重要。”

高效学法

连老师眼中的骄子都会有犯错的时候，那么你在做物理试题时有没有出现过类似的情况呢？你是怎么解决的呢？我们不妨先看看缪盈同学是如何过这个坎的。

1. 拒绝计算错误

计算要规范、谨慎。选择和填空等题目，计算过程虽然是写在草稿纸上的，但也要清楚明了，一定要写出解题的重要公式、方程以及主要、关键的计算步骤。这样做既可以避免草草作答而产生的笔误，最后检查时也会方便很多。

解答大题时，更要把关键运算步骤和重要公式清清楚楚地写在试卷上，字迹要清楚，单位、阿拉伯数字、运算符号等等都不可以潦草或是省略。

2. 作图清晰、工整

物理试卷中会有很多题目是需要作图来解决的，比如说需要画出受力分析图、电路图等等。在保证正确、迅速的同时，还要注意把图画得工整、规范，要尽量使用画图工具作图，并把题目中给出的各个已知条件标注在图

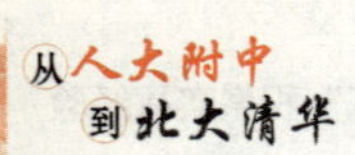

上。以受力分析图为例，如大木块M是∠β=30°的直角三角形木块，小木块m的质量为0.5kg，g=10m/s，μ=0.2，那么小木块m放在大木块M上是静止？还是向下滑动的？如果是下滑，那么下滑所受的合力是多少？

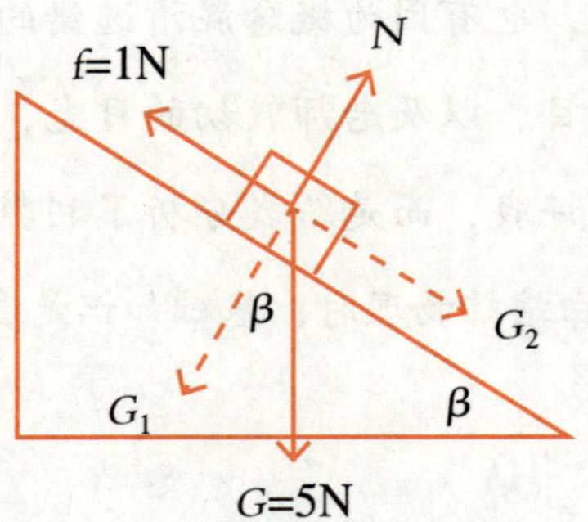

画出受力分析图中的每一个力，这样一来，已知条件便一目了然地呈现在自己眼前了，这样也是可以启发自己寻找解题思路的。根据已知条件：G=5N，G_1=N，∠θ=30°，可得出G_2=$G\sin30°$=2.5N，$G_2>f$便可推出木块是向下运动的，而物体所受的合力：$F_{合}=G_2-f$=1.5N。

平时做练习的时候，就应该注意培养自己快速、工整作图的能力。

3. 注意复习物理实验

物理试卷中的不少题目都是考查同学们对物理实验的掌握情况的。这就需要我们平日多花些功夫复习物理实验。特别是对重点实验，一定要多留心、勤观察。

想学好物理，必须掌握好基本概念和原理。所以，要想在物理统练中取得好成绩，平日积累概念、定理、公式是必不可少的。

23 运用归类比较法学生物

生物是偏向于文科的理科科目。它比物理、化学更像文科，但是又比历史、政治多了计算与公式。这就注定了不能仅仅将生物定义为文科或者理科而用单一的方法来学习。

星光大道

李泰伯 | 考入清华电子工程系

高中3年一直担任班长，曾担任校学生会主席、学校模拟联合国主席

榜样之谈

我所在的理科实验班，大部分同学都十分偏爱数学或者物理，而我却独独对生物非常有兴趣，因为生物苛求准确。同一个空，“抗体”就不行，必须“特异性抗体”；“一种底物”就不行，必须“一种或一类相似的底物”。所以，学生物的过程中切忌“差不多”，必须做到精准，这就要求对知识点的熟练掌握。

并且，在生物这一科目的考试中，出题人常常喜欢把只有名字差不

多，实际八竿子打不着的两个概念放在两句话里让我们比较判断。

我建议，大家将所有笔记整理在一起，然后再挑一个总结本，把知识点总结融合成自己适用的方法。我在总结知识点的过程中，每总结一处，就会想一想与它相关联（不论是知识上还是名字上）或相似的另一些知识点，在脑子里过一遍或者说一遍，然后建立起它们之间的联系。

这一方法让我在人大附中的统练及所有的考试中都能顺利pass！

高效学法

归类，是按照一定的标准把知识分门别类的思维方法。比较，是对比有关的知识，以确定它们之间的相关点和不同点的思维方法。归类与比较互为前提。一方面只有通过比较，认识生物异同点之后，才好归类；另一方面把生物归类，才好进行比较。因此，在学习生物的过程中，要把两者有机结合起来。

例如，“比较无形生殖和有性生殖”，我们可以这样做：

	无性生殖	有性生殖
亲本	1个亲本直接形成新个体	2个亲本→配子→合子→新个体
生殖细胞类型	可能性（孢子——无性别）	产生生殖细胞（配子——有性别）
生殖细胞有无结合	无结合	多数结合
亲本性状	保持亲本性状（变异少）	不利于保持亲本性状（变异多）
进化影响	不利于进化，种族衰退	利于进化，种族发展
相同点	产生后代	

通过比较，容易判断出哪些是无性生殖，哪些是有性生殖。比如，卵细胞发育成雄蜂属于有性生殖。另外，通过比较理解被子植物何时用有性生殖（获得新品种），何时用无性生殖（保持原性状）。

此外，生物中有很多相近的名词混淆难记忆，这时可运用对比的方法，从概念的外延、内涵等方面加以比较，找出不同点。

例如，免疫学中有几个概念易混淆，就可以通过归类比较进行记忆。

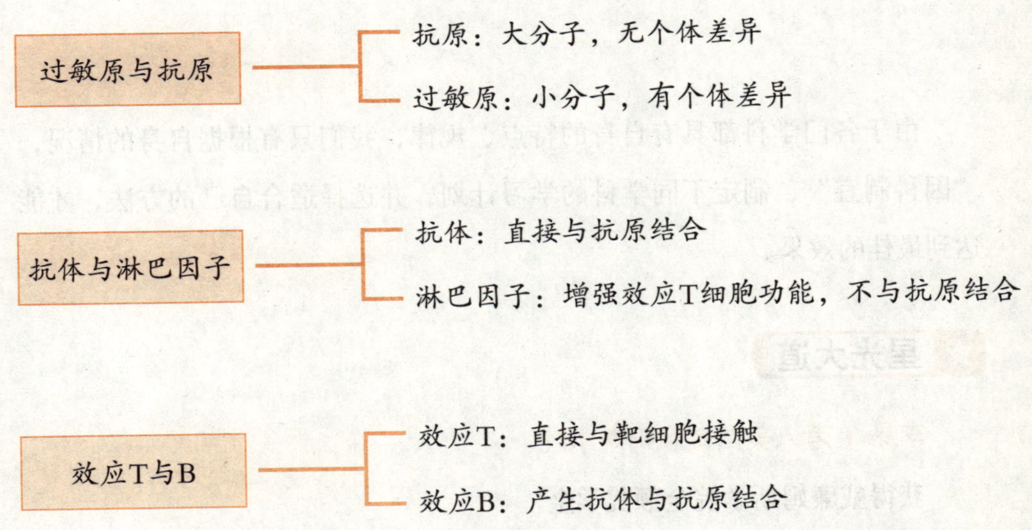

24 因科制宜，选择适合自己的方法

由于各门学科都具有自身的特点、规律，我们只有根据自身的情况，“因科制宜”，制定不同学科的学习计划，并选择适合自己的方法，才能达到最佳的效果。

星光大道

李昂 | 考入美国威廉姆斯学院

获得威廉姆斯学院全额奖学金

榜样之谈

高三的时候，除了在班里，我去的最多的地方就是礼堂。学校安排了好多讲座，主题各不相同，有帮助我们适应高三节奏的，有帮助我们缓解精神压力的，有帮助我们在高考考场应试的，还有帮助我们如何择校的。我觉得自己挺认真的，每次都还拿个小本子去记录。有的同学甚至直接拿试卷和习题去，但我觉得这是在浪费宝贵的复习时间。我属于会尝试的那种，感觉前辈们传授的经验，十有八九用不上，不是说方法不好，只是不适合我。比如，有个前辈说，做作业之前要拿出一个小时的时间去复习今天所学的。可对我而言，一个小时足够我复习完这一周所学的知识了。我觉得与其知道方法，不如知道自己更适合用什么样的方法。所以，我会具体地考察它适不适合我，时间上的不适合，可以增加或缩短，但如果整个方法都不适合，那我就直接弃之不理啦。

高效学法

李昂同学说：“因为需要学习的科目很多，这就要求对各科的学习一定要学会进行科学的安排。不仅仅要学好语文、数学和英语三门主课，也要努力学好其他各门功课。为此，我采用了培养重点学科，同时带动政治、历史等其他学科的方案。我每天用一定的时间（如两个小时左右）固定学习英语，扎扎实实打下良好的基础。语文则和英语一样，需要注重平时的积累，所以每天的零碎时间也要分给它一部分。至于政治和历史，也要按照自身情况和各门功课的不同内容进行安排，还应该把这些情况考虑进去。”

兰州市一位姓赵的家长说，儿子上中学后，数、理、化、生、语、英、史、地、政，八九门功课，每天拿起这本，又忘了那本，不知如何是好。当家长的看在眼里，急在心里。见书就查，见人就问，终于找到了一个行之有效的分科计划学习法。儿子试用后，效果相当好。这一方法就是，每天以一门功课为主，辅以其他2~3门功课。这就好比吃饭，做一道主菜，配上了2~3道辅菜。比如说：

周一，以语文为主，英、史为辅；

周二，以数学为主，英、生为辅；

周三，以英语为主，语、地为辅；

周四，以物理为主，英、化为辅；

周五，以化学为主，英、政为辅。

英语天天有，是因为英语得天天看，一天都不能丢。

按照这方法，儿子的学习一下子就顺了。每天，先把大块时间花在“主菜”上，零散时间看看“辅菜”，学习很有规律，很见成效。

在制订分科学习计划时，还应注意以下几点：

1．根据各学科进度及特点，制定全学期学习的总目标和时间安排。

2．根据自身优势和劣势学科情况，制定各科学习的具体措施和时间安排。

3．要重视基础学科的学习，如初中的语文和数学。因为学好这些学科是学好其他学科的基础。

[第五章]

保持良好的心态和习惯

中学6年，韩牧岑同学一直在人大附中读书，她作为文科生，却是数学课代表，并且高考数学考了满分。究其原因，用她自己的话来说，就是：“数学能有这样的成绩，应该归功于我的好习惯。”因此，在学习上我们要养成并保持良好的习惯和心态。

25 杜绝学习“借口症”

人大附中的陈莲春老师在总结十多年的教学经验时发现：学习越好的同学，牢骚越少，借口越少。同样面对考试没考好，学习好的同学往往会立即从个人方面找原因，或者是复习不到位，或者是时间安排不合理；而成绩不太好的同学往往会有一箩筐的借口：“这次的题考得太偏了。”“我考试当天生病了。”……确实如此。如果你也患有“借口症”，就赶紧改正自己这个毛病吧。

星光大道

杨奔 | 考入北京大学

曾荣获第48届国际奥林匹克数学竞赛金牌

榜样之谈

我的同桌是一个“借口达人”，虽然他的借口总是能帮他逃脱老师的责备，但我想，他其实应该是痛苦的。

我常常告诉他：“你这样不好。”他的理论则是：刘备借口怕雷声打消了曹操对他的猜疑；蔺相如借口秦王需沐浴更衣才可以得到和氏璧，打碎了秦王想得到它的美梦。他总说："借口不同的人用，效果不同。说不定以后我也会被载入史册，成就一段英雄佳话！"有些时候我甚至都会被他的谬论动摇。

高三的模拟考试开始前，他迷上了电动游戏，下课就会去电玩城玩一会儿。第一次模拟考试他考得很不好，老师询问他的状况，他颤颤巍巍地说："自己考试当天感冒了，发挥得不好！"这次他若是及时纠正就好了。可是，他逃过了老师的这次责备后，反而更加变本加厉了，有时候甚至会在晚自习时逃课去玩耍。第二次、第三次，他照样都没考好。于是，老师请了家长来学校，双方施压，他的借口不攻而破。他这才意识到问题的严重性，但为时已晚，三次模拟考试的时间，大家都在准备，他却在退步，最后的结局就是他选择了复读。

希望大家引以为戒，不要被自己的借口所害。

高效学法

借口其实就是一种谎言，是一种自欺欺人的方式。莎士比亚曾经说："为失策找理由，反而使该失策更明显。"倘若我们的借口成了习惯，渐渐地我们自己也会深信不疑。我们应该谨慎地对待借口问题，因为当我们达不到学习目标时，就会理直气壮地把那些所谓的借口搬出来。到时候它们便会成为我们学习的拦路虎。那么，如何才能戒掉"借口症"呢？让我们试试教育心理学家托马斯·杰弗森的方法吧。

1. 我在想什么？（What Am I Thinking?）

在借口破口而出之前或者撒谎以后，第一时间应该想想刚才"我在想什么"？非理性和扭曲的想法会导致焦虑和负面情绪，要不断地提醒自己用事实说话。

2. 问问自己：谁是你的主宰？（Ask Yourself: Who are my Board of Directors?）

是谁把那些想法装进你的脑袋？例如，你的老师、父母是不是把过多的“应该”强加在你身上？伙伴曾经的拒绝、批评甚至是冷淡，你还在耿耿于怀吗？听到那些话，你的心里还会隐隐作痛吗？是清理你脑袋里那些没有意义的谎话的时候了！不要再让谎言支撑你的生活。即使它们是过去的缩影，你都应该坚持自己该坚持的主见！

3. 写下你的谎话。（Write Down Your Whoppers.）

找一个本子，写下你的借口。认清事实和虚构，选择应该相信的。记住，贴近事实，不需要解释！不久以后，再回看这个本子，我们会发现，曾经为某些事情编造的借口都显得十分幼稚。

4. 丢掉谎言。（Throw the Lies Away.）

在睡觉前，回想今天说的每一个谎言。你每认清一个谎言，意识到自己错了，就把它从本子上撕下来，把写满谎言的纸揉成团，扔掉也罢，烧掉也好，总之提醒自己不要再重蹈覆辙。

5. 原谅自己的过错。（Forgive Yourself for Past Mistakes.）

如果你还不能从过去的生活中完全走出来，你就会告诉自己各种各样不真实的想法，可能会觉得自己是个“傻瓜”或者“失败者”。那么就试着原谅你过去的没有远见的自己，寻找新的有方向的自己！

26 聪明不是放松的理由

不能否认，有些同学很聪明，但聪明并不能成为放松的理由。对于学习来说，你付出了时间并不一定能取得相应的效果，但如果你不付出的话，就一定不会有收获。

星光大道

刘元 | 考入美国加州理工学院

曾荣获北京市市长提名奖

榜样之谈

我在小学有过很辉煌的经历，那时候年少轻狂，学校的每个课外小组都参加，每次比赛都去，自以为聪明过人，属于天才之列。上高中前，我认为高中的生活不应太单调，应该是丰富多彩的。于是，高一时除了正常上课以外，我把其他的时间都花在了组织活动和体育运动上。别人吃过晚饭就去上自习，我却在球场上驰骋，每天如此。当我大汗淋漓地坐在桌旁吃面包时，大家都用惊异的眼神看着我，我很自豪，看，我玩得多，学得也不错。转眼就到了高三，高一时基础不牢的毛病一下子显了出来，成

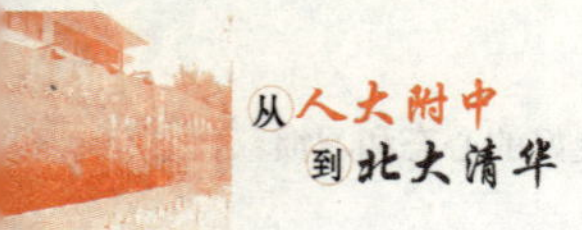

绩直线下降。这时我才明白，真正的天才尽管存在，但是每一个成功者都是在勤奋和努力的基础之上的，直到现在，我还记得数学组的老师看到我自恃聪明时对我说过的那句发自肺腑的话：“要想人前显贵，就得暗中受罪。”这句话虽然不是什么至理名言，但给我留下了深刻的印象。

高效学法

确实如此，高中的知识看似简单，内涵却十分丰富，如果没有大量的时间去思考，没有大量的时间去训练，很难真正掌握，似是而非的情况很多。虽然你很聪明，但如果不肯在学习上花时间的话，同样会一无所获。

幸运的是，刘元同学及时发现了自己的问题，他说：“不论一个人的智商有多高，如果不舍得在学习上花时间的话，他的学习成绩同样不会提高。比如，英语阅读理解的能力就不是十天半月能提高的，必须每天花一点时间做一篇完形填空或两篇阅读理解，做完之后与答案对照一下，把错的小题仔细琢磨琢磨，看看究竟是什么原因导致的，是语法概念不清、单词意义不明，还是其他什么原因，这样，才能不断提高阅读能力和逻辑思维能力，最终占领这两个制高点。”

27 高效率来自好习惯

很多同学都有把今天的事情拖到明天去完成的不良习惯，并且还要千方百计地给自己找理由。其实，同学们在学习过程中养成的良好习惯对提高学习效率和学习质量、对考试取得好成绩，都会发挥积极的作用。

星光大道

陈秀野 | 北京市高考理科状元

曾获学科竞赛全国一等奖

榜样之谈

我觉得自己的一个好习惯就是平时做事讲究高效率，从不拖沓。今天的事情今天要做完，而且做什么事都很专心，如果做事不专心，那么事情就会既做不好又耽误时间，还会影响后边的事。因为我学习比较忙，平时还要练钢琴、学游泳，我必须提高效率才能够完成任务。

从小学开始，妈妈问我最多的就是："做作业了吗？"因为我不做作业是常有的事儿，所以妈妈就经常督促我抓紧时间做作业。到了高中，只要我没有完成作业，妈妈就发动全家人甚至同学"批斗"我，有一次连续

"批斗"了我一周。后来，我便坚持放学回家立刻写作业。经过两个多月的努力，我终于改了过来。

现在，我之所以能成为高考状元，其最根本的原因就是：我养成了"今日事今日毕"的良好习惯。"学习不能拖拉，今天的事情今天一定要做完。"这是我现在学习的原则。现在想想，真的十分感激妈妈的督促和"批斗"。

高效学法

陈秀野同学认为，每天的学习都能完成，不欠账，任何一位同学的学习成绩都不可能差；被誉为高考问题研究专家的王极盛教授也认为，习惯本身不是分数，但是良好的习惯会让一个人终生受益，良好的习惯在学习过程中、在考试过程中将发挥重要的作用。从某种意义上讲，良好习惯在考试当中也是分数。

同学们要想在学习过程中养成良好的习惯，应从以下几点做起：

1. 不断重复

心理学研究表明，某个动作重复21天以上会形成习惯，90天会变成稳定的习惯。

2. 从小做起

古人说"少成若天性，自然成习惯"。每位同学在求学期间重视自己的行为，科学规范地培养好习惯。相反，要杜绝坏习惯，一旦养成坏习惯，就难以改正。

3. 从严要求

人都是有惰性的，平时的学习是绝对不能松懈的。养成"先复习，后作业”的好习惯，自始至终，一丝不苟。

4. 从点滴抓起

学习习惯的养成，就是一个点滴积累的过程，要通过一步一个脚印的训练，这样才能在多次刺激与强化的基础上变成自己内在的需要。

5. 善于借鉴

在培养自己良好习惯的过程中，要不失时机地向老师、身边的同学学习。吸取同学们成功的经验。

6. 学会自我激励

要学会表扬自己，激励自己，依此来强化自己的良好习惯，改正自己的不良习惯。

总之，良好习惯对平时的学习有很大的帮助。有的学生就养成了课前预习功课、课堂上认真听讲、课后按时复习功课的好习惯。养成了这些良好的学习习惯的同学，比那些在同等条件下没养成良好习惯的同学的成绩会好很多。

28 从感兴趣的科目开始学习

如果一个学生对学习提不起兴趣，那么学习就会成为一种负担，成为一件苦不堪言的事情。家长和老师越是严格要求，就越会让他更加厌恶学习。只有当他对学习有浓厚的兴趣，才会有强劲的动力，才会全身心地投入学习中去。因此，你要想培养自己对学习的兴趣，就可以先从自己最感兴趣的科目开始学习，然后再学习不感兴趣的科目。

星光大道

石襄禺 | 保送北京大学

在校成绩优异，是同学们眼中的“科学怪人”

榜样之谈

进入中学后，我比较喜欢物理、化学两门学科，尤其是上实验课时，我觉得有趣极了。其实，我对实验的兴趣是爸爸一点一点培养起来的。

记得小时候，爸爸给我变了一个魔术，爸爸问我：“如果不用糨糊或万能胶，如何把两个玻璃杯黏在一起？”我煞费苦心地摆弄了好久，最后不服气地说："爸爸，我知道啦！你骗我，这是一件完全不可能的事情！"爸爸一边笑着嘱咐我看好了，一边开始摆弄两个玻璃杯。只见爸爸从口袋里拿出一盒火柴，并点燃了5根火柴，在还有明火的时候放入一个杯子里；接着，将打湿的纸巾铺在放入了火柴的杯口上。最重要的是，要小心地将纸巾展开，不要撕破了。最后，完完整整地铺好纸巾后，迅速地将另一个杯子放在上面按紧。结果，见证奇迹的时刻到了——两个杯子紧紧地黏在了一起，凭借年幼的我的力量根本无法分开它们。我急切地问爸爸是怎么做到的，爸爸让我自己上网查，网上说："因为杯子里的火一烧，杯内的空气因加热而膨胀，纸巾盖在杯上，杯外空气进不了杯内，等杯内的氧气烧完，杯内气体温度降低，杯内的气压也降低，而杯外的气压不变，结果，杯外的气压就大于杯内的气压，这样两个杯子就会在大气压的作用下紧密地合在一起了。这就是'马德堡半球原理'。"

虽然我喜欢物理、化学，可是语、数、英三门才是主科，所以每次学习时，我都会先安排这三门学科，可是这样越学越没有激情，感觉很乏味，学习成绩也长时间停滞不前。后来，我试着换了一下学习顺序，先做物理和化学题，越做越来劲，等到学其他科目时，也不觉得有想象中那么难了。

高效学法

从某种意义上来说，学习兴趣促进了学习成功，学习上的成功又会提高学习兴趣，这是良性循环；反之，对学习厌腻，学习必然失败，学习失败又加重学习上的厌腻感，形成恶性循环。我们在这里有必要讨论如何打破这种怪圈，培养良好的学习兴趣，让学习形成良性循环。

那么，中学生如何才能培养起自己的学习兴趣呢？

1. 从日常生活中发现学习的兴趣

我们之所以认为学习枯燥，是因为我们主观地把学习和生活割裂开了。如果我们做到从生活中发现知识的作用，那么枯燥的知识也会变得生动起来，我们也就会对学习产生浓厚的兴趣。

2. 从自身的性格上发现学习的乐趣

每个人的性格和喜好不同，对各种知识的态度也就不同。我们就要充分尊重自己的选择，在这些自己喜欢的学科上尽情地施展自己的天分，但是不要完全放弃自己不太感兴趣的科目，也不要因为这些科目影响了自己的升学。

3. 参加丰富多彩的活动

多参加各种活动，不仅能让你交到更多朋友，还会拓展你的兴趣爱好。

4. 努力消除厌学情绪

凡事都要去尝试一下，不要因为自己不感兴趣就不去做，试着找寻一下兴趣，就像挖宝藏一样，说不定你慢慢就会喜欢上了。不要一味地迁就自己，努力消除自己的消极情绪，把学习当成一件快乐的事情。

29 考前要让消极心理暗示远离自己

考试是学习生活中的一件大事，同学们往往对此非常重视。同其他年级的学生相比，高三学生更容易出现心理问题。当考前出现焦虑等消极心理时，同学们要用积极的自我暗示来降低焦虑，让消极心理暗示远离自己。

星光大道

丁思杰 | 保送清华大学

曾获第26届全国中学物理竞赛北京赛区二等奖

榜样之谈

说起考试，不得不提到考场。人大附中的考场座位历来以成绩分布。假如成绩能够稳定在一、二考场，那就意味着已经有一条腿跨进了清华、北大。记得在一次化学考试之前，监考老师是教我们数学的曾老师，曾老师的性格有些大大咧咧，他一进考场就对前面的同学说："数学卷子我判出来了，你这次考得不错，149分。"接下来对我说："丁思杰，你这次考砸了，才考了145分。"我心里咯噔一下，要知道在我们实验班，149分第一名的话，考145分就意味着我是倒数了。因为全班同学都几乎是：能拿到的分，一分也不敢丢。我还在担心着，寻思到底是哪出了错误，浑然不知化学考试马上要开场了。当铃声响起的时候，我立马回神了，我深吸几口气，立刻采用心理暗示法调整自己的情绪，排除干扰，迅速进入化学考试。考试结果出来后，果然我的数学倒数第一，但是值得庆幸的是化学得了满分。

高效学法

如果丁思杰同学在考场上不及时改变自己的心态，反而继续懊恼自己的倒数成绩，说不定最终真的就全部倒数了。在考试中，如果我们遇到了同样的情况，该怎么做呢？具体来说，我们可以这样做：

1. 正确看待失误

对自己考试中的失误，也不必过分自责，因为任何人都有犯错误的时候。况且失败乃成功之母，关键是善于总结失败的经验教训，这样，成功就一定会属于自己。

2. 客观评价自我

人贵有自知之明，每个同学都要客观分析自己的实际水平。既不能盲目地陷入恐惧，也不能自信到自负。一方面要敢于承认自己的不足，另一方面又要有弥补不足的信心。

3. 心理暗示

采取积极的心理暗示，帮助自己建立信心。比如，当坐在课桌前将要开始新的一科考试时，不妨先回忆或设想一分钟令自己最自豪、最愉快的画面，并在心中告诉自己："我一定能发挥好""这些题都是小case"，然后满载信心、精神振奋地投入考试中去。

30 心态好才能成绩好

学习是一个慢慢积累的过程，没有人能一口吃成个胖子。所以，要理性面对学习成绩的高低。不要因一时的好成绩沾沾自喜，也不要因一次的考试失利而气馁。现阶段你的成绩好，只能说明这一部分知识你学得好，并不代表你所有的内容都学得好；一次考试失利只能证明你还有一些知识没有掌握牢固。无论成绩的好坏，面对学习，面对高考，你都要保持良好的心态。只有这样，我们才能不至于骄傲或气馁，从而驶向成功的彼岸。

星光大道

陈亦晨 | 考入美国哈佛大学

荣获哈佛大学全额奖学金

榜样之谈

我经常听到同学说："真的好累！什么时候是个头！"在这里，我不得不说，与其树立一个远大的目标，不如先确定一个良好的心态。这样也不会在平时上课的时候觉得辛苦，更不会在考得不好的时候觉得心灰意冷。很多同学的高中生活都一波三折，如果没有一个好心态肯定就太脆弱了。

我在高二的时候，有幸随团前往美国参观了哈佛大学，第一次感受到那么自由的学习氛围和浓厚的学术气氛，当时我就下定决心一定要在这里上学。也从那以后，每一次考试失利的挫折感都会很快被这个强烈的心愿所冲散，最后的结果是，我如愿以偿了！

在这里跟大家分享一句话：“一个人除非自己有信心，否则不能带给别人信心；自己信服的人，方能让别人信服。”祝大家都能考上理想的学府。

高效学法

大多数成功人士认为，人有两种活法：一种是痛苦地度日如年，一种是全力以赴地向着目标前进，并感受其中的激情和快乐。所以，大多数成功人士都一样，他们爱上的并非事业，而是拼搏的快乐。

而拥有消极心态的人只会说：“哎呀，只剩下半瓶水了。”而积极的人则会高兴地说：“太好了！还有半瓶水。”

积极、消极心态对比如下表：

	拥有积极心态者	拥有消极心态者
每天都爬楼梯	锻炼身体的机会	太累了！住低层的人真幸福
老师让我们抄课文	太好了，正好练习写字了	真没意思，讨厌这个老师
节假日到欢乐谷	好热闹，气氛真好	这么多人，大家都这么闲啊

由此可见，凡事都应该朝着积极的方向去想，要快乐地享受过程，不断地完善自己的想法与观念，永远保持一颗积极向上的心态。生活如此，学习亦如此。

[第六章]

培养一个独特的专长

人大附中非常注重培养学生的专长，坚持培养学生的动手能力和创新精神。近年来，人大附中的学生参加各类国际青少年科技发明竞赛，共获得国际金奖6项、银奖5项、国际特等奖1项，这份沉甸甸的成绩单证明了每个人大附中学子都是凤毛麟角。因此，我们也应该发现自己的特长，展示自身的才华，让单一的学习变得丰富多彩，使自己脱颖而出。

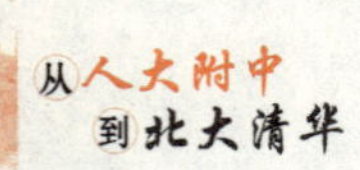

31 培养专长有秘籍

专长，也叫特长，就是我们能做得特别好的事情。而这样的专长，每个人往往只能掌握一项或极少的几项。我们每个人的能力千差万别，各有所长、各有所短，准确地了解和分析自己，做出正确的评估，扬长避短，充分培养和发挥自己的专长，能够帮助我们脱颖而出，取得成功。

星光大道

刘威 | 考入清华大学

曾荣获北京市市长提名奖

榜样之谈

小时候，每到周末，身边的小伙伴都可高兴了。因为可以休息，可以玩了，但是我讨厌死周末了。除了没完没了的数学、英语辅导班，爸爸妈妈还要逼我去学画画，有一段时间，我开始讨厌自己的特长了。后来，甚至叛逆到班主任让我跟几个同学出黑板报，我就故意画得乱七八糟。六一儿童节美术老师让我交作品参赛，我也胡乱涂鸦。到最后害人害己，班主任不再重用我，同学们见我画得不好了，由崇拜变成了嘲笑。于是，妈妈给我安排了更密集的课程。长大后才意识到，画画是老天赐予我的天赋，应该珍惜才是。现在，我虽然没有坚持走画画的道路，但在学习和生活中它依然是我快乐的来源。

高效学法

通过对很多成功者的研究，我们发现很多成功者往往开始时只是在各方面有所专长，后来由于其他条件的配合，这些人才从一个领域的专业人员成为综合方面的成功人士。比如，姚明的成功是因为他篮球打得特别好，而不是因为他有爱心；刘翔的成功是因为他跨栏的速度特别快，而不是因为他有幽默感。姚明篮球打得特别好，刘翔跨栏的速度特别快，这就是他们的专长。

下面是刘威同学总结的培养特长的四大秘籍：

1. 亲身实践法。初步感兴趣的事，就要鼓励自己去做、去实践。例如，与同学一起建立小小实验室，做科学实验；成立一个音乐工作室，嘻哈、摇滚、流行等只要是大家感兴趣的都尽量尝试。

2. 参加特长班。俗话说，“近朱者赤，近墨者黑”。好的学习氛围可以带动我们的学习情绪，激发我们的学习动力；相反，坏的氛围会带动你的潜在慵懒意识，甚至产生厌烦。接受老师的帮助，与有着共同特长的同学切磋技艺，是促使我们飞速进步的推进器。

3. 竞赛和发表法。如果我们在某些方面取得了较好成绩，就应该鼓励自己去自由参加这方面的竞赛活动，这更能提高我们的自信心和活力。

总之，我们年轻人应该敢于尝试新鲜事物，跟随社会潮流并且结合自己的实际情况，从中选取一些自己感兴趣的方面，进行专长培养。

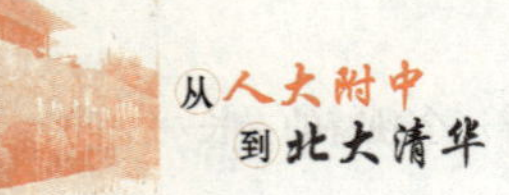

32 特长助我进名校

人大附中的校长刘彭芝一直重视学生个性的发展。人大附中交响乐团在第35届维也纳国际青年音乐节上获得交响乐组金奖第一名，大赛评委会会长盛赞他们的演奏展示了“一流的音乐教育”。人大附中艺术团于2006年和2007年连续两年赴美进行交流演出，其轰动效果被当地媒体形容为“在美国投下了一颗原子弹”。美国纽约市市长宣布将2007年1月24日命名为纽约“人大附中日”。由此，我们不难发现，培养特长不光有利于缓解我们的学习压力，更重要的是它很有可能成为我们升学的捷径，所以，如果我们自身有什么特长，在不干扰学习的情况下，就一定要将其发挥到最佳水平。

星光大道

刘丹蕾 | 考入瑞士伯尔尼音乐学院

她在校期间不仅学习成绩优异，而且是音乐特长生，最终被世界著名音乐学院瑞士伯尔尼音乐学院录取

榜样之谈

我是顶着光环长大的孩子。

老师和同学都觉得我很“仙”，甚至有时看我的眼神都不一样，我知道是为什么，不是因为我美，而是因为我的特长。考入瑞士伯尔尼音乐学院是我的梦想。为了能进入伯尔尼音乐学院学习，我对自己的专业从来不敢懈怠，有的时候甚至花超过课业学习的时间。但是，妈妈经常嘱咐我：“出国留学虽然是最好的选择，但是也不能丢了基础，国内的高中学习也不能丢了。”所以，有时候我觉得自己真累，对专业的热爱让我有些厌烦枯燥的课业学习。可能我自身有点小虚荣，大家觉得我很优秀，我就不敢表现出一丝失误。平时的学校生活也少不了我的身影，我的自信心就是从这时培养起来的。

身边也有很多朋友虽然有一技之长，但是没有坚持下来，通过高考进入了一般的高校，我不知道他们会不会有遗憾，如果换做我，我会觉得很可惜。

高效学法

那么，我们该怎样保护和培养自己的特长呢？不妨来看看刘丹蕾同学的特长保护计划。

1. 让特长激发学习兴趣

不管老师或家长是否支持我们走特长之路，我们应该首先做到打好课业基础。在课堂上表现自身的学习热情，积极举手发言，积极与同学配合。让老师和家长知道，特长只会帮助我们增加学习兴趣，不会耽误课业学习。

2. 保持质疑

牛顿指出：“没有大胆的猜想，就做不出伟大的发现。”特长的意思就是特别擅长的专门的技艺或研究领域。所以，既然是我们的特长，我们应该比别人更了解、更专业。不断地向老师质疑，向权威质疑。这不是对老师的挑衅，而是不断地去探索、学习、提高的过程。

3. 不满足于基础

如果我们有一定的学习基础和学习能力，就应该不满足于课内的知识，多摄取课外的知识。高一、高二课本学习的内容不多，如果我们及时完成作业，会有很多课余时间。这个时候也就是我们发展兴趣、培养特长，甚至是提高专长的时间了。

特长并不代表我们是十全十美的，也不代表我们的优点明显就可以忽略缺点。我们在发挥自己长处的同时，应该虚心地学习其他同学的长处，做到“以人之长，补己之短”“严于律己，宽以待人”。我们只有自觉地进行自我分析、自我批评、自我矫正，才能真正地提高自己。

33 广泛阅读，培养文学专长

鲁迅先生曾指出：“此后如要创作，第一须观察，第二要看别人的作品。”意思就是说，要想写出好的文章，就要观察生活，阅读大量的书籍，从生活和书本中找到对自己有用的写作素材。因此，同学们要想培养自己的文学专长，就要深入生活，广泛阅读。

星光大道

黄佳隆 | 考入麻省理工学院

榜样之谈

母校的办学方针一直很明确，我归纳了一下，就是两个字：特长。不管是数学、英语、音乐还是足球，要想在人大附中读书，就一定要有“一招鲜”。我的特长就是写作和语文成绩好。当然，这些并不是与生俱来的。

我和大多数同学一样，把自己大把的青春岁月都交给了英语题、数学题，当然还有物理和化学题，却对语文情有独钟，并且特别喜欢读书。读书使我受益匪浅，我的写作特长也恰恰就得益于此。

高中阶段繁重的学习任务，使我们没有大量的时间去阅读大部分名著。所以，我将阅读视野集中在那些短小的名篇上，比如，一些脍炙人口的名著和学者专家们的评论，以及那些名家的简介。通过这些阅读，我既可以从名著中感受到名家的语言魅力，又对名著有了较全面的认识，了解了作家的风格，弥补了不能完全阅读的缺陷。这不仅提高了我的语文成绩，同样也提升了我的作文能力。

高效学法

阅读，包括课内阅读和课外阅读，它是最重要的间接观察和经历的形式，是学习科学知识的最佳途径，也是积累作文素材、提高作文能力的一条重要途径。只有“读书破万卷”，才能“下笔如有神”。因此，我们在阅读的过程中，要学会读不同种类的书，广泛涉猎各方面的知识，从不同的文章中感受不同的题材，从不同的题材中感受不同的文风，从不同的文风中感受不同的写作态度，从不同的写作态度中感受不同的文化知识。不要为读书而去读书，否则会使自己的阅读面越来越窄。

然而，在进入高中后，学习任务繁重，同学们阅读课外书的时间十分有限。据教育专家的调查统计显示：学生的课外阅读率随着年龄增长而呈现出显著的下降趋势，喜欢阅读课外书的小学生、初中生和高中生的比例依次为45.5%、27.7%、17.7%。也就是说，喜欢阅读课外书的小学生的比例是高中生的近3倍。那么，我们怎样才能快速准确地捕捉到文章大意和需要的信息呢?

略读法不失为一种快捷有效的阅读方法。简而言之，就是有选择地进行阅读，可以跳过某些细节，抓住文章大概，从而加快阅读速度。

其具体做法如下：

1．要利用文体细节，如文章的标题、副标题、小标题、斜体词、黑体词、脚注、标点符号等，对文章进行预测略读。预测略读要了解作者的思路和文章模式，以便把握大意、有关的细节及相互关系。

2．以一般阅读速度，阅读文章开头的一、二段，力求抓住文章大意，背景情况，作者的文章风格、语气等。

3．阅读段落的主题句和结论句。抓住主题句就掌握了段落大意，然后略去细节不读，以提高略读速度。

4．注意转折词和序列词。例如，英语阅读里常见的转折词有however，but，nevertheless等；序列词有firstly，secondly，at last等。

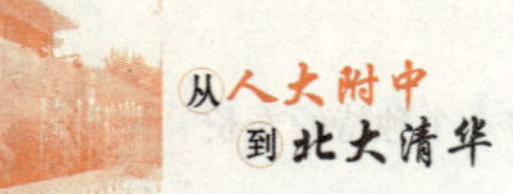

34 培养特长要借助榜样的力量

我们在一生中要接受三个方面的教育，即家庭教育、学校教育和社会教育。家庭教育作为我们最早接受的教育，是学校教育和社会教育不可替代的。所以，很大程度上，不管是特长的培养还是普通的学习，父母都有着榜样的作用。

星光大道

李泽昊 | 考入北京大学

曾获全国高中生学科竞赛五项全能冠军，即全国高中数学联赛、全国中学生物理竞赛、全国高中学生化学竞赛、全国中学生生物学联赛、全国青少年信息学奥林匹克赛等5个一等奖

榜样之谈

从史泰龙、姚明再到爱因斯坦，他们都是我成长过程中的榜样。小时候跟爸爸看过史泰龙的电影，当时就被他的肌肉吓到了。我摸着爸爸软鼓鼓的肚皮，听着爸爸讲史泰龙的事迹，我瞬间就被他迷住了。从此，除了

学习，看他的电影、听他的故事成了我最专心的事。后来，姚明成为NBA新秀状元，中国十几亿人为之喝彩，当时已进入青春期的我，当即就立下志愿，一定要为国争光添彩。从那以后，我开始锻炼身体，每天晨练，体育课就泡在篮球场，放了学也回去跟同学切磋一下。这样适当地进行锻炼，并没有影响我的学习，反而让我感觉学校的生活不再那么单调。再到后来，无意中在一本社科书中看到了爱因斯坦的事迹，我敬佩他的精神，开始对各种物理、化学实验产生兴趣，从那以后便一发不可收。所以，我获得学科竞赛五项全能冠军并不在我意料之外。

高效学法

根据一项对国内10000多个家庭的调查表明，超过半数的孩子对自己父母教育方式不满意：有31.09%的孩子不喜欢父母用命令、催促的口气与自己谈话；有18.05%的孩子对父母否定、贬低、侮辱自己表示不满；有5.16%的孩子指责父母经常威胁、打骂自己。应当说，威胁和打骂孩子是家长教育的失误，从我们学生的角度出发，我们应该意识到如何跟父母沟通交流。

具体来说，我们可以从以下几个方面做起：

1. 榜样示范

关注名家、高手的表演或同学的优秀表演，如看画家作画，看发明家的制作发表会，甚至关注计算机老师操作电脑，看爸爸跟邻居叔叔下围棋等。这里特别强调我们的爸爸妈妈，我们跟爸爸妈妈在一起的时间最长，大部分同学的偶像崇拜都是从爸爸妈妈开始的。所以,如果我们的父母身上有值得我们崇拜的地方，不要羞于表达，要勇于提些问题，发表自己的看法，参与他们的谈话，这样我们的兴趣和特长也就慢慢养成了。

2. 勇敢地跟家长说“不”

作为父母，总是会吸取身边其他家庭教育成功的经验和失败的教训，有的时候难免照抄照搬别人的经验。别人家的孩子学弹琴，就也让我们学弹琴；别人家的孩子学画画，就也让我们学画画；甚至别人家的孩子上学跳级，也非要我们好好学习，早日跳级。依着葫芦画瓢，这种教育方法是绝对不行的，这个时候我们应该鼓起勇气拒绝父母的好意。

3. 不拒绝学校与父母的沟通

家庭、学校和社会对我们的成长共同承担着教育责任，彼此之间联系也是为了能使我们进步。但是，很大一部分同学往往抵触老师请家长到学校谈谈。不管是说自己好还是不好都非常厌恶，这种情绪是不该有的。相信没有哪个学生的家长没有跟老师交流过，我们应该理性对待。

总之，家庭应该是我们寻找榜样、培养特长的地方，而不应该成为我们学习的负担。

35 善用网络资源辅助学习

现在，随着互联网的普及，我们上网越来越方便了，而且互联网上的信息量非常大，信息更新和信息交流的速度都很快，如果能够充分利用网络资源，同学们不仅能开阔视野，扩大知识面，还可以根据学习的需求，快速地查阅相关信息。这给我们的生活和学习都能带来很大的便利。

星光大道

陈煜佳 | 保送北京大学

榜样之谈

我的父母都是大忙人，根本没时间管我的学习，我回家就得完全自学。高一放暑假时，我买了一堆资料在家里预习，遇到不懂的地方，就用红线画出来，随着画出来的地方越来越多，我就坐不住了。于是，我不断地给老师打电话，每次通话都是一两个小时。可能老师都被我问烦了，告诉我稍不明白的可以上网查，网上的知识有的比老师讲解的还详尽。

老师的话让我从此与电脑结下了不解之缘。自从用上了电脑后，老师不再是唯一的传道授业解惑者，甚至老师掌握新知识、新信息的速度、范围有时还不如我，正因为网络的运用，我获取的知识和信息的速度大大加快了。而且从高二以后，我在人大附中的统练也越来越游刃有余了。

高效学法

网络对于想学习的人来说是十分便利的，很多不懂的东西，只要通过搜索就可以找到。并且，网络上很多资源都是共享的，多数都可以免费获取。因此，互联网时代的出现，对于想学习的人来说，是一个大好时机。

下面是陈煜佳同学向大家推荐的网络资源：

1. 百度文库（wenku.baidu.com）

在这里你可以免费下载到各种一模、二模的卷子，以及各省市高考解析几何汇总、压轴题汇总、电磁大题汇编，等等。推荐“从文龙”系列的各省市题目分类汇编，下载打印出来后，保证每天做两道解析几何，效果会很好。

2. 高考网（www.gaokao.com）

在这里也能下载各区的模拟卷子，不过有时是图片版的，打印不太方便。不过推荐这里面的各种总结（当然自己总结是最好的，不过如果你已经来不及了的话参考一下也是好的，这个主要推荐给高一、高二的同学）。

3. 沪江英语网（www.hjenglish.com）

里面有各种句型总结什么的，背一背句型比死记硬背语法好得多，还有里面的听写也非常好啊！当年备考托福的时候就是靠它！

[第七章]

团结协作，营造学习氛围

我们每个人的能力都有一定限度，善于与人合作的人能够弥补自己能力的不足，达到自己原本达不到的目标。所以，人大附中的学子们特别注重团结协作，他们会结成学习同盟、互助小组等，互相请教，交换想法，这样做既充分地利用了资源，又发挥了个人的长处。正是在这样一个融洽的环境中，大家的成绩都有很大的提高。

36 不懂就要及时请教

有问题并不可怕，怕的是不问。如果说老师是一本“活教材”，那同学就是身边富饶的“宝藏”。有问题及时向同学请教，一定会收益颇丰。

星光大道

赵欣琦 | 考入北京大学

榜样之谈

我最大的特点就是具备超强的记忆力，不然怎么能被同学称为“背神”呢？刚分入文科班的时候，每天下课后请我讲题的同学都要排队，甚至测验的时候还有同学抄我的卷子，我委屈得几次掉眼泪。妈妈就给我出了个主意：每天拿出10分钟帮助同学，10分钟一到自动停止，其余的问题延续到第二天。至于抄我卷子的同学，则直接告诉他们不要影响我做题，一切等我做完卷子再说。后来，好多同学都开始筛选题目后才来问我，班上学习的氛围也好多了。而且，我的成绩也走上正轨，稳居文科班第一，还能把第二名甩下20多分。

高效学法

不懂就问，敢于暴露自己的问题，有“打破砂锅问到底”的执著，这是一种难能可贵的精神，非常值得学习。所以，当遇到问题时，应该及时请教，尽快解决。为了防止耽误其他同学的学习时间，我们应该这样做：

1. 精心准备。参加提问前对要提出的问题应该做好充分的准备，可以把自己的观点和有疑问的地方整理成文字，或者把自己思考的内容列成提纲。问题要鲜明，自己的论据要充分，条例要清晰。

2. 掌握语言技巧。语言是沟通的桥梁，要想把自己的思想和观点准确地表达出来，就需要努力掌握语言的技巧。一是在提问时，一定要注意语言的精炼性，要简明扼要地把自己的主要观点和疑问表达出来，切忌长篇大论，占用太多的时间，影响别人的提问。二是提问时应该实事求是，一是一、二是二，既不夸大，也不缩小，语言要中肯。三是表达自己的想法要有逻辑性、条理性和层次性。四是提问时要控制语言的节奏。语速过快，容易造成听者思维和理解的混乱，自己的观点就不易被别人接受。所以，提问时要加强与请教同学的交流，注意语言的节奏和抑扬顿挫，该慢的地方要慢，该加重语气时一定要加重语气。

3. 积极思考。在对方讲解时要集中精力听，要把对自己有用、有启发的东西记下来，在听的同时要充分地启动大脑，展开积极的思维活动，从别人的讲解中发现新的东西，进而完善深化自己的思路。

4. 及时总结。每次提问后都应该及时小结一下，尤其是对自己有启发的观点、方法、思想火花、意见，等等，要进行归纳、整理，长期坚持，积少成多，必会取得大收获。

37 积极参与讨论

住校生活中，你最难忘的是什么？我想，很多同学都会答——卧谈会。晚自习结束后，大家都洗漱完毕在床上躺着，这时基本上没有一点睡意，大家往往都会谈老师和同学、谈学习和生活中的一些趣闻等，总之谈话内容五花八门。其实，这个时候也是我们探讨学习疑惑的好机会。

星光大道

张瑾辉 | 考入北京大学

榜样之谈

刚进入人大附中时，我是走读生。由于我不是效率高的人，每天放学回家都会磨蹭时间，所以作业总是做不完。

进入高二后，在同桌的建议下，我搬进了宿舍，成了住校生。他帮助我顺利办妥了住校手续，因为他是唯一了解我是多么没效率的人。而我也需要有动力的人在身边，这也正是我同意住校的重要原因之一。

刚进入宿舍时，我就被他们的行动吓了一大跳，他们正在组织物理小组，随后又在11、12月办了几期物理小组活动。大家在一起分享经验、心得。在这种氛围下，连我这个懒散的人都不自觉地紧张起来。在这段时间里，我的物理水平提高了很多，随后我做了一部分难题集萃，准确率竟然高达90%。

我想，我最后在高考中发挥这么好，应该感谢这帮神一样的舍友。

高效学法

宿舍也是一个难得的学习场所，但是很少有同学能够利用起来。难得张瑾辉和他的舍友们不是在谈天说笑中度过，而是充分利用这些短暂的学习机会提高各自的学习技能。那么，几个舍友在一起如何才能取得最好的学习效果呢？我们不妨看看张瑾辉和他的舍友们是如何做的。

1．三四个同学在一起，复习并讨论有关学科的重点、难点和一些容易混淆的问题，遇到答案不能统一，或一时弄不懂的问题时，就记下来，然后分头去找正确的答案。

2．经过一段时间的复习，模拟老师出卷的方式，每人在理解的基础上出一张卷子，同时将做好的答案写在另一张上，标好每一道题的分值，以便批改时计分。

3．相互交换出好的卷子，然后答题。做题时，不要看书也不要问人，并且要求一定要在规定时间内完成。

4．把做好的卷子交给出题的同学，由出题的同学进行判分。然后大家一起针对错题进行分析，找出原因。如果有一些题大家意见无法统一，就去向老师请教。

这种方法因为有着很强的针对性，所以每个参加者都受益颇多。

38 跟着其他同学一起进步

从众，是指个人受到外界人群行为的影响，而在自己的知觉、判断、认识上表现出符合于公众舆论或多数人的行为方式。在一定的群体中，有的人容易从众，有的人不容易从众。那么，有的同学甚至在成绩上也会出现从众现象，这到底是什么引起的呢？

星光大道

陈俊峰 | 保送清华大学

榜样之谈

我不知道该不该质疑自己的学习能力，因为我发现自己无论在哪个班都是那个排名——在差班里，我也成不了最好的；在好班里，我也成不了最差的；在一般班里，我还是那个成绩。值得庆幸的是，高中文理分科后，我进入了理科实验班。

记得刚上初中时，我的英语水平比较差，但是在同学们的带动下，我参加了英语竞赛，每天主动背单词，也得过一个奖，英语也跟上来了。后来，我也没想着要出国，但高二时在班里其他同学的带动下也开始准备考托福和SAT。第一次托福只考了580分，我并不满足，又继续努力了3个月就考了620分。尽管没有申请到美国的好学校，但英语水平得到了很大的提高。

高效学法

其实，陈俊峰同学并不是特殊的一例，很多同学都有类似的“被推动症”。他们的学习总是跟班级成绩成正比，由班上的同学们带动着自己的学习动力。那么，我们如何将这一劣势的学习状况发展成自己的学习优势呢？

1. 同学与同学之间的交流、切磋

同学间经常互相交流并评价对方作文，还由大家推荐公认的佳作来共同欣赏并加以评价。在这个平等交流的过程中，作为同龄人的同学之间没有忌讳，也没有来自老师的压力，成绩好的、差的都能从中获益。成绩差的可以通过和同学们的交流认识自己在语言表达上的错误，并学习正确的表达方式；而我们还可以在不断的交流和评价中更清楚地认识到佳作的真正魅力所在，从而进一步完善自己的写作。

2. 学习伙伴比学习方法更重要

实践证明，结交学习伙伴是帮助我们养成好的学习习惯的好方法。以英语为例，学习英语需要长期动力，保证每天坚持做同样的事情（背单词、阅读文章、练习听力等）是最难的。尤其是英语基础比较差的学生开始时总会发愤图强，但过一段时间后就放弃了。

实际上，学习英语是一个不断积累的过程，是一个要通过很多的量变达到质变的过程。在几个月的学习中，我们都可能感觉不到英语水平的提高，这时候是最容易失去长期的动力并放弃学习的。避免这种情况最好的办法，就是找一个学习伙伴，不断督促对方坚持不懈地实现自己的目标。

39 帮助别人，会让自己收获更多

人大附中普通班学生的构成比较复杂，学习气氛也不算浓。虽然有很多教实验班的老师给他们讲课，可是方式、方法是不同的。普通班讲课很慢，老师对学生的要求也不是很严格。所以，普通班学生要想取得好成绩，主要依靠自身的学习态度和方法。

星光大道

马悦然 ❙ 被哈佛大学、斯坦福大学、宾夕法尼亚大学、普林斯顿大学、哥伦比亚大学等五大美国名校同时录取，最终选择了哈佛大学

荣获第二届丘成桐中学数学奖银奖

榜样之谈

起初，班上的同学们都是原来学校的尖子生，身上或多或少带有骄傲情绪。一天，我有一道题搞不懂，去问身边的同学，他居然说："笨蛋！笨蛋！连这个都不会！"虽然之后还是把这道题讲给我听了，但是我心里还是挺不是滋味："我何尝受过这样的待遇？"

好在老师及时安慰了我：“只要能学到东西，就不要太计较别人的态度。”于是，我就发挥厚脸皮精神，不懂就问，后来，可能是因为我勤学好问的态度感动了其他同学吧，他们都很喜欢跟我探讨题目，并向我请教问题，每次我都会认真地和他们探讨并解决问题，而我的成绩也在这种提问与回答过程中逐步提高了，并且在第二学期开始稳居全班第一。

高效学法

帮助别人是一种美德，更是一种收获；与人分享，实际上你并没有损失什么，相反你却收获了更多、进步得更快。并且，能帮助别人说明自己有为别人解决问题的能力，是生活的强者，能让自己深切地感受到存在的价值。具体来说，同学们可以这样做：

1．破除条条框框，每个人都应该畅所欲言，充分地表达自己的看法。

2．对不同意见应持宽容态度，要允许别人说话，要专注耐心地听别人把话讲完，听到与自己相左的意见就急于争辩，形成尖锐的对抗活动，就会破坏讨论气氛，抑制创造思维的产生。

3．最好能把那些带有智慧火花的言论，有创见的意见记录下来。

4．参加的人知识结构要合理，知识水准最好大致相同，但不一定是同行或同一专业的。这样能使讨论更具创造性。

5．集思广益。一个人独自思考时，可能会想出两三个有趣的答案，但在人群中，你会听到一大堆你从未有过的见解。其实，讨论中的反复碰撞、反复刺激，就是一个促进理解、深化记忆的过程。

40 在合作中使自己更突出

现在，我们处在一个竞争的社会中，无处不存在竞争。即使竞争再激烈，我们也要在竞争中保持良好的心态。积极的竞争应是在一种友好的氛围中进行的，它能够实现自己和同学成绩的共同提高，而不是自己成绩上去了，却把同学踩下来。因此，会学习的同学必须彻底抛弃这种狭隘的消极竞争，学会积极竞争，在合作中使自己更突出。

星光大道

宋睿捷 | 考入美国哥伦比亚大学

获得哥伦比亚大学全额奖学金

榜样之谈

我觉得自己以前很小气。同学问我什么我都不说，只是敷衍他们："哎呀，我不会，你问问老师。"更夸张的是，别人考得比我好，排名超过我了，我就很生气。每次出考试成绩，我总是急火火地问别人："你考得怎么样？你考得好不好？"

我渐渐地发现，体育课没有人愿意跟我一组，手工课没有人主动帮我的忙。我突然意识到自己孤立无援，然后就很委屈地向班主任诉苦。老师的话让我受益终生："你怎么对待同学的，同学就会怎么对待你！你只有抱着合作的态度参与竞争，才是真正的明智之举，这不仅能让你获得竞争的动力，而且能避免同学们对你采取嫉妒、贬低和仇视的态度，有助于维护同学间的友爱关系和集体精神。"

从老师那里回来后，我开始反思自己，这时，我才发现自己有多讨人厌。"一个好汉三个帮"，于是，我开始主动地帮助别人，跟大家分享我的学习经验。在遇到较多难题时，光是一个人独立思考，有时时间是不够用的，我们几个常采用分工合作的方法，每人解决几题，然后告诉其他人。

又是体育课，当有同学主动走向我的时候，我真的高兴得快哭了。从此，我的高中生活很充实。

高效学法

从心理学上来说，我们每个人都有一种"不服输"的心理，都希望站在比别人更优越的地位上，这种潜在心理就是自我优越的欲望。当这种自我优越的欲望出现了特定的竞争对象时，其超越意识就会更加鲜明。适度的竞争心态，会激发学习的兴趣和积极性，成为一种自我激励的动力。

但是，竞争就像一把双刃剑，用好了利人利己，可以大大促进自己的学习；用不好则会误人误己，不仅会阻碍自己的学习，还会影响到与同学之间的感情。因此，对于竞争我们要有一个清醒的认识。

教育专家们告诉我们，对待同学之间的竞争的正确态度应该是：既不回避竞争，也不盲目竞争，要明白竞争的目的不是压低别的同学，而是提高你自己。因此，我们必须处理好以下几种竞争关系：

1. 进攻性竞争

这样的同学一般表现为急于出人头地，具有攻击性、领域性，同学关系往往处理不佳。

2. 防御性竞争

这样的同学一般表现为过分在意自己的成绩、排名。在特殊时期，如考试阶段、复习阶段，具有明显的进攻性。这同样是不受同学欢迎的学生类型。所以同学们要正确定位自己。

3. 刺激性竞争

这样的同学一般表现为孤僻、爆发力惊人，会因为老师和同学的鼓励或讽刺就表现出强大的干劲。

4. 合作性竞争

这样的同学一般表现为情绪积极、健康，为人热情，受同学欢迎。因为懂得付出、换位思考，所以这类型的同学往往都能在高考中笑到最后。

总之，我们要正确对待同学之间的竞争，既要保持一种锐意进取的精神状态和斗志，又要保持一颗平常心。让竞争朝着积极、良性的方向发展，并以此来激励和促进我们的学习。